전국재의 놀이 백과 시리즈 ❷

동네방네 시끌벅적
야외에서 즐기는 놀이 177

전국재의 놀이 백과 시리즈 ❷

동네방네 시끌벅적

야외에서
즐기는 놀이 177

글 · 그림 청소년과 놀이문화연구소 전국재

시그마북스
Sigma Books

전국재의 놀이 백과 시리즈 ❷

동네방네 시끌벅적 야외에서 즐기는 놀이 177

발행일 2011년 4월 1일 초판 1쇄 발행
2016년 5월 10일 초판 2쇄 발행
글·그림 청소년과 놀이문화연구소 전국재
발행인 강학경
발행처 시그마북스
마케팅 정제용
에디터 권경자, 장민정, 신미순, 최윤정
디자인 최희민, 윤수경

등록번호 제10-965호
주소 서울특별시 영등포구 양평로 22길 21 선유도코오롱디지털타워 A404호
전자우편 sigma@spress.co.kr
홈페이지 http://www.sigmabooks.co.kr
전화 (02) 2062-5288~9
팩시밀리 (02) 323-4197
ISBN 978-89-8445-452-1(04370)
978-89-8445-432-3(세트)

* 시그마북스는 (주)시그마프레스의 자매회사로 일반 단행본 전문 출판사입니다.

머리말

내가 청소년에 뜻을 두고 놀이와 캠핑에 대한 연구를 시작한 것이 1970년대 말이었습니다. 그로부터 지금까지 30여 년 동안 지금까지 일편단심 외길을 걸어온 것이 얼마나 다행스럽고 행복한지 모릅니다. 청소년과 관련된 놀이, 동아리, 캠핑에 관심을 갖게 된 것은 분명 특별한 축복이요 은혜입니다. 그것은 내가 특별히 잘나서가 아니라 일평생 청소년들을 진정으로 사랑하셨고 실제로 헌신하신 아버지로부터의 절대적인 영향 때문입니다.

내가 놀이와 캠핑에 대해 연구를 시작하던 초기에 가장 힘들었던 점은 레크리에이션과 캠핑 관련 서적이 거의 전무했다는 데 있었습니다. 기라성 같은 선배들은 왜 기록을 남기지 않았는지 의문스러웠고 한편으로는 안타까웠습니다. 나는 여러 선배들을 직접 찾아가 자문을 구하기도 하고 도움을 청했습니다. 그러면서 젊은 시절 너무 일에만 몰두하게 되면 고갈되기 쉽고 결국 연구업적을 남길 수 없다는 사실을 깨닫게 되었습니다. 정말 귀한 분들이 많은데 실제로 연구작업, 지도자 양성, 그리고 근거 있는 프로그램을 만들어내지 못했다는 것이 크게 안타까웠으며 이것이 나에게는 큰 경고가 되었습니다.

그런 깨우침이 지금 나를 이 자리에 이르도록 이끌어주었습니다. 나는 연구·실험한 내용을 기록해야 할 필요를 절감했으며, 동시에 청소년 지도자들과 공유해야 한다는 책임감도 강하게 느껴왔습니다. 그런 부담과 의무감이 놀이와 캠핑에 관한 저서를 30여 권 이상 출판하도록 만들어 주었던 것입니다.

이 책은 1994년에서 3년여에 걸쳐 출판했던 '놀이보따리 시리즈'(전 10권)를 증보개정한 것이며, '전국재의 놀이백과 시리즈'란 이름으로 주제를 보다 세분하여 총 10권으로 구성하였습니다. 이 책은 지금까지 내가 현장에서 일평생 연구해온 놀이자료들을 총 정리한 완결판이라고 할 수 있습니다.

지금 나는 서재에서 머리말을 쓰면서 서가에 꽂혀있는 놀이와 캠핑서적들을 둘러보고 있습니다. 하나하나마다 특별한 사연을 가진 소중한 책들입니다. 그러면서 '이제는 놀이 매뉴얼 작업에서 손 놓아야 할 때가 되었구나!'하는 생각이 절실히 들었습니다. 이런 생각은 이미 오래전부터 하고 있었습니다만 이제는 실행에 옮길 때가 되었다고 생각한 것입니다. 그래서 이 시리즈를 마치기 전에 혼신의 힘을 기울여 수집하고 연구해 온 전문서적과 관련자료들을 후배들에게 모두 물려주기로 결심하였습니다.

그렇다고 내가 모든 일에서 손을 놓겠다는 뜻은 아닙니다. 예전의 주제에 머물고 있다 보면 더 높고 깊은 본질적인 주제로 전진해나갈 수가 없습니다. 이것이 내가 매뉴얼 작업을 그만하기로 결심하게 된 이유입니다. 이제부터는 지금까지 현장에서 청소년에 대해 연구하고 확인한 것들을 통합한 구체적이고 실천적인 대안을 문서로 제시할 것입니다. 이런 점에서 이 시리즈는 지금까지 놀이에 관한 연구를 일단락하는 것인 동시에 새로운 출발을 위한 교두보이기도 합니다.

이 책을 출판하도록 선뜻 결정해 주신 시그마북스 강학경 사장님, 그리고 자칫 가벼워질 수 있는 놀이책의 의미를 살리면서도 산뜻한 편집으로 책의

품격을 한층 높여주신 편집부 직원 분들께 깊이 감사드립니다. 청소년과 놀이문화연구소 동지들의 헌신과 기도에도 감사드립니다. 일평생 나를 후원하고 동역자가 되어준 아내, 청소년을 마음에 품고 미국 유학을 떠난 딸 나오미와 사위 정희성 군, 군에 입대하여 애국의 길을 보여주고 있는 자랑스런 아들 상수리에게 고마움과 사랑을 전합니다.

나는 이 책을 놀이와 동아리, 그리고 캠핑의 의미를 깨우쳐 주시고 그 행복한 세계로 이끌어주시다가 2008년 가을에 소천하신 아버지 오리 전택부 님께 고이 바칩니다.

도곡리 서재에서 전국재

Contents

6 Chapter
잡기 · 차기 **놀이** 105

7 Chapter
여름철 **야외놀이** 117

8 Chapter
겨울철 **야외놀이** 145

9 Chapter
이어달리기 **야외놀이** 153

10 Chapter
운동장 **놀이** 199

놀이에 대한 10가지 입장

이 책에 담겨진 놀이들은 모두 다음의 10가지 신념에 기초하고 있습니다.

하나, 놀이는 자발적으로 참여하는 사람만이 즐길 수가 있습니다.

놀이는 스스로 즐기는 것입니다. 자발적으로 참여한 사람들만이 놀이 안에서 자유, 행복, 기쁨, 즐거움, 이웃과의 감격스런 만남을 경험하게 됩니다. 놀이 지도자는 스스로 즐길 수 있도록 그들에게 동기부여를 하고 놀이거리와 놀이터를 제공해주는 도움자요 촉진자의 역할을 합니다. 놀이하는 사람은 관람자가 나라 놀이터의 주인공입니다.

둘, 놀이는 사람들과의 참만남, 사귐, 나눔, 섬김, 그리고 돌봄의 기쁨을 선사합니다.

놀이하는 사람들은 모두 이 세상에 하나밖에 없는 특별하고 소중한 존재입니다. 참가자들은 경쟁하거나 비교하지 말고 서로의 다른 점을 즐기고 나눌 수 있어야 합니다. 이 책에서 소개한 놀이들은 모두 비경쟁 협동놀이입니다. 놀이를 즐기면서 참가자들이 진정한 만남, 사귐, 나눔, 섬김, 그리고 돌봄이 이루어질 수 있기를 바랍니다.

셋, 놀이규칙은 엄격히 지켜지고 존중해야 합니다.

규칙이 없고, 있어도 지켜지지 않는 놀이는 아무런 유익이 없습니다. 규칙은 놀이를 구속하는 것이 아니라 참된 즐거움을 가질 수 있도록 도와주고 절제의 미덕을 가르쳐 줍니다. 놀이에서 규칙은 사람들 사이의 진솔한 만남과 사귐이 이루어지도록 하는 데 반드시 필요한 조건이고 공동의 약속입니다.

넷, 놀이는 그 자체가 목적이 되어야지 의도적이거나 조작적이어서는 안 됩니다.

놀이의 목적은 놀이 자체를 즐기는 데 있습니다. 어린 시절 맘껏 뛰놀면서 자유, 기쁨, 만남, 나눔을 맛본 사람은 이웃과 더불어 사는 기쁨을 누리는 넉넉하고 행복한 사람으로 자라나게 됩니다. 놀이에 어떤 의도적인 목적이 있어서는 안 됩니다. 놀이하는 사람이 제 멋에 따라 맘껏 즐기도록 놓아두면 그때 비로소 놀이가 가진 교육적, 상담적, 치유적인 힘이 강력하게 발휘됩니다.

다섯, 놀이하는 사람들의 내적 동기를 촉진하려면 경쟁이 아니라 협동해야 합니다.

놀이에는 대부분 경쟁적인 요소가 있습니다. 하지만 경쟁이 목적이 되다 보면 의미는 사라지게 되고 이기고 지는 허상만 남게 됩니다. 경쟁은 인간관계에 심각한 손상을 줍니다. 규칙을 인정하고 함께 존중하는 놀이에서는 이기고 지는 것이 크게 문제가 되지 않습니다. 경쟁을 하면서 놀이 규칙을 존중하고 잘 지키면, 사람들은 거기에서 만남과 사귐, 그리고 나눔을 경험하게 됩니다.

여섯, 놀이에서 보상은 독약과 같습니다.

놀이에서 외적 보상은 도움이 되기보다는 오히려 해롭습니다. 이긴 사람(모둠)에게 상을 주는 것은 그보다 훨씬 중요한 내적 동기를 손상시키고 놀이의 본질을 왜곡시킵니다. 보상을 하더라도 타인과 비교하지 않으면서 참가자 개개인의 재능, 특성, 장점을 인식하고 지지하고 촉진하는 방향으로 조심스럽게 적용해야 합니다. 놀이에서 보상은 독약과 다를 바 없습니다.

일곱, 놀이는 결과보다 과정이 더 중요합니다.

일에는 목적이 있으며, 그것을 통해 어떤 성과를 기대합니다. 일은 외부로부터 강요되기도 하고 그 과정에서 고통을 수반하기도 합니다. 이에 반해 놀이는 어떤 목적을 위한 것이 아니라 놀이 자체가 목적이 되고 과정이 더욱 중요합니다. 다른 사람들과 비교당하는 데에서 자유로워지기만 해도 청소년들은 행복해질 수 있습니다. 자기가 직접 자기만의 방법으로 해 볼 수 있도록 지지하고 존중할 때 청소년들은 비로소 제법에 따라 건강하게 성장할 수 있게 됩니다.

여덟, 놀이는 누구나 쉽게 즐기고 지도할 수 있어야 합니다.

놀이는 특별한 재능을 가진 전문가만의 전유물이 되어서는 안 됩니다. 놀이는 모든 사람들이 즐길 수 있고 누구나 지도할 수 있어야 합니다. 나는 지금까지 놀이로 돈벌이를 해서는 안 된다는 신념을 지켜왔습니다. 놀이가 어느 특정한 사람들의 전유물이 되어서는 안 됩니다. 놀이는 모든 사람들의 것입니다.

아홉, 놀이지도자는 참가자들과 함께하는 동반자이며 도움자이고 촉진자입니다.

노자는 "지도자는 국민들이 그가 있는지조차 모를 때 가장 훌륭한 지도자이다. 국민들이 순종하고 그를 환호할 때는 그리 훌륭한 지도자가 아니다. 국민들이 그를 경멸한다면 가장 나쁜 지도자이다. 그러나 훌륭한 지도자는 말도 거의 없이 할 일을 다 하고 목적을 완수했음에도, 오히려 국민들은 모두 우리가 스스로 이 업적을 성취했다고 말할 것이다."(도덕경 19장)라고 하였습니다. 놀이 지도자는 참가자들과 함께 즐기는 동반자이며 그들을 도와주고 후원하고 촉진하는 사람입니다.

열, 놀이는 어린이뿐만 아니라 남녀노소 모두가 함께 어울릴 수 있어야 합니다.
어린이의 마음을 가진 사람이라면 누구나 놀이를 즐길 수 있습니다. 문제는 어린이의 마음을 잃어버린 어른들이 많다는 데 있습니다. 이러한 점에서 이 책에서는 연령층을 엄격하게 구분하지 않고 있습니다. 참가자와 모임의 성격에 알맞은 놀이를 찾고 준비하는 일은 지도자가 감당해야 할 몫입니다.

나는 마음이 병들고 지친 청소년들이 순식간에 놀이세계에 빠져들어 무아지경에서 내면의 진정한 자기를 만나고 건강해져가는 모습을 현장에서 수없이 목격했습니다. 그래서 나이가 들수록 놀이를 대하는 태도가 더욱 진지해져만 갑니다. 놀이야말로 이 나라 청소년들을 살려낼 수 있는 유일하고도 확실한 대안입니다. 놀이는 어린이와 청소년들이 마땅히 누려야 할 권리이고 특권입니다. 놀이는 교육, 상담, 치료보다 훨씬 더 본질적인 가치를 가지고 있습니다. 놀이는 청소년들의 삶 그 자체입니다. 청소년들에게 문제 있어서 병이 들고 문제 청소년이 되는 것이 아닙니다. 청소년들에게서 그들이 마땅히 누려야 할 특권인 놀이, 곧 삶을 부당하게 박탈했기 때문입니다. 사람이 있는, 그래서 사람과 사람이 만나서, 서로를 느끼고 소중히 여기며, 함께 어울려 사귐과 나눔을 가지면서 나를 알아가고 다른 사람들과 더불어 사는 지혜를 키워나가는 그런 신나는 놀이터가 그리워집니다. 이제 그런 신나는 놀이터로 나아가 함께 나아갑시다.

이 책에 담은 놀이들의 특징

이 책을 쓰는 동안 변변치 못한 문장력은 나를 계속 괴롭혀 왔으며 끝내 극복하기 힘든 한계였습니다. 저자의 의도를 명확하게 전달한다는 것이 얼마나 힘든 일인지 모릅니다. 다른 분야와 달리 놀이책은 독자들이 쉽게 이해할 수 있고, 나아가 직접 할 수 있도록 도움이 되어야 하기 때문입니다.

그것은 단순히 표현방법 이상의 과제였습니다. 내가 생각하는 놀이의 의미는 일방적으로 전달하여 가르쳐 줄 수 없는 것들이기에 놀이하는 사람들이 직접 체험하고 느끼고 깨닫고 공유할 수 있도록 해야 했습니다.

이를 극복하기 위해 놀이를 글로 설명하면서 동시에 삽화를 직접 그려 넣었습니다. 글만으로는 충분히 전달할 수 없는 세밀한 느낌을 그림으로 보충하였습니다. 미숙한 솜씨로 그린 삽화지만 밝고, 건전·건강하고, 화목한 놀이를 재현하려고 하였습니다. 이 그림이 어느 정도 도움이 될 수 있기를 기대합니다.

이 책에 담겨진 놀이들은 공통적으로 다음과 같은 특징을 가지고 있습니다.

첫째, 비경쟁 협동놀이들입니다. 이를 위해 기존의 놀이들에 많이 변화를 주었으며 '승리한다', '경쟁한다', '벌을 준다', '제외시킨다', '빠진다' 등과 같은 설명은 없앴습니다. 그 대신에 '겨룬다', '누가 이기는지 알아봅시다' 는 식으로 표현하려고 노력하였습니다. 독자들이 생각하는 것 이상으로 오랜 시간이 걸렸고 많이 고민하면서 했던 작업이었습니다. 단지 표현에만 그치는 것이 아니라 놀이 분위기와 성격을 지배할 만큼 중요한 작업이기 때문이었습니다.

둘째, 점수를 매기거나 상을 주는 놀이들은 전혀 없습니다. 놀이는 놀이 자체가 목적이 되어야 합니다. 놀이에 보상이 따르면 놀이하는 사람들은 놀이가 주는 즐거움을 가질 수 없습니다. 단지 이기고 지는 것만 남게 되고 그 보상으로 상품과 외부로부터의 인정이 있게 되는 것이지요. 그런 외적인 보상은 내적 동기intrinsic motivation가 가져다주는 즐거움을 오히려 왜곡시켜버립니다. 그래서 이 책에 소개한 놀이들은 참가자들의 내적 동기가 발현되도록 노력하였습니다. 요즘 청소년들이 놀이를 하기 전에 "이기면 뭐 줘요?"라는 질문을 하게 되는 것도 놀이 자체를 즐기지 못하고 상과 같은 외적 보상만을 기대하기 때문입니다.

셋째, 특별한 놀이기구들이 필요 없는 놀이들이 대부분입니다. 우리 선조들은 놀잇감을 직접 만들어서 놀았습니다. 그런데 이제는 돈으로 놀이를 사지 않으면 놀 수 없는 세상이 되어버렸습니다. 예를 들면 컴퓨터 게임기가 있어야 하고 노래방에 가야만 놀 수 있게 된 것입니다. 이것은 매우 심각한 문제가 아닐 수 없습니다. 예전에는 어린이들이 놀잇감을 직접 만들어 즐기면서 이를 지배하고 관리했었습니다. 지금은 반대로 놀잇감이 어린이를 지배하고 노예로 만들고 있습니다. 더욱 큰 문제는 특정 장소에서 돈을 지불하고 놀잇감을 사야만 하는 게임들은 진정한 의미에서의 놀이가 아니라는 데 있습니다. 놀이가 아닌 거짓 놀이들이 온통 장악하고 있어서 진짜 놀이가 무엇인지 상상조차 하지 못하는 지경이 되어버렸습니다. 그래서 이 책에는 놀이기구 없이도 즐길 수 있고 쉽게 구할 수 있는 놀이기구와 직접 만든 놀잇감으로 즐길 수 있는 놀이들을 담아놓았습니다.

넷째, 누구나 지도할 수 있는 놀이들입니다. 놀이는 우리 모두의 것입니다. 놀이는 누구나 즐길 수 있고, 또한 누구나 지도할 수 있어야 합니다. 놀이를 벌이 삼는 레크리에이션 강사들이 적지 않습니다. 놀이가 그런 사람들의 전유물이 되어서는 안 됩니다. 나는 놀이를 특정한 사람이 독점하고 지배해서는 안 된다는 신념으로 이 책을 펴내는 것입니다. 우리는 모두 놀이터에서 주인공이 되어야 합니다. 우리는 각자 놀이의 주인공이 되어 놀이를 주도하고 놀이세계를 함께 만들어 나아가야 합니다.

다섯째, 사람 중심의 놀이입니다. 호이징가는 사람을 호모 루덴스homo ludens, 즉 놀이하는 존재라고 정의하였습니다. 놀이는 사람이 주도하고 창조해 나갑니다. 사람들은 놀이하는 순간 가장 인간다워질 뿐만 아니라 인간다움을 찾아갑니다. 놀잇감이 너무 화려하다거나 놀이 행위 자체에 집중하면 할수록 사람은 위축되고 가려집니다. 놀이가 단순하고 소박해야 하는 이유가 여기에 있습니다. 놀이는 사람이 하는 것이고 사람 때문에 하는 것이고 사람과 사람과의 관계 안에서 실현되는 것입니다. 놀이가 특별한 프로그램이 되어버리면 사람은 놀이터에서 소외되고 대상화 되어버립니다.

필요한 놀이들을 찾고 선정하는 과정

이 책에서는 보다 쉽게 이해할 수 있도록 각각의 놀이마다 참가자들의 연령, 놀이 장소, 집단의 크기, 놀이 대형을 도형으로 표시해 놓았습니다. 이 책에서 소개한 놀이들은 성격에 따라 분류하였으며 각각 고유번호를 가지고 있습니다. 프로그램을 준비할 때 적절한 놀이들을 놀이 성격에 따라 찾아내고 그 놀이의 고유번호를 순서대로 기록해두도록 하십시오.

■ 연령 : 놀이 참가자들의 적정 연령을 엄격하게 규정하지 않았습니다. 그럼에도 연령층을 다음과 같이 표시해 놓았습니다. 유아 ◐, 초등학생 ◑, 중·고등학생 ◕, 성인 ●. 처음의 도표는 제한 연령을 의미하는 것으로 ◐●는 남녀노소 모두 즐길 수 있는 놀이이며, ◑●는 초등학생에서 성인에 이르기까지 모두 할 수 있는 놀이, ◕●는 중·고등학생에서 성인이 할 수 있는 놀이를 의미합니다.

■ 놀이 장소 : 실내 놀이 🏠, 실외 놀이 ☀, 밤에 하는 놀이 ★, 우천 시 놀이 ☂. 실내외에서 모두 할 수 있는 놀이는 🏠☀로, 실외에서 밤중에 하는 놀이는 ☀★으로 표현하였습니다.

■ 집단의 크기 : 소집단은 30명 이하의 집단, 대집단은 30명 이상의 집단으로 구분하고, 👤은 소집단, 👥은 대집단으로 표시했습니다. 대부분의 대집단 놀이들은 소집단에서도 할 수 있으며 소집단이라고 해서 반드시 그렇게 해야 하는 것도 아니므로 지도자가 놀이를 잘 이해하고 융통성 있게 창의적으로 활용하도록 하십시오.

■ 놀이 대형 : 교실 대형 ☰, 반원 ∪, 원형 ○, 이어달리기 ⋀⋀, 공터 및 운동장 ▣

단위 놀이에 소요시간을 별도로 제시하지 않았습니다. 모임의 성격과 참가자들의 특성에 따라 다를 수밖에 없으므로 지도자가 상황을 충분히 고려하여 소요시간을 결정해야 합니다. 그리고 준비물과 모둠 형태는 각 놀이마다 일일이 제시해 놓았습니다.

이 책에서 적절한 놀이들을 찾아 선정하는 요령을 예로 들어 설명하겠습니다. 여러분이 중·고등학생 25명이 참가하는 모임에 필요한 실내놀이를 찾는다고 합시다. 그러면 우선 집단을 열기 위한 첫 번째 놀이가 필요한데 그것은 『동네방네 시끌벅적 야외에서 즐기는 놀이 177』(놀이 백과 시리즈❷)에서 '여는 놀이♠'를 찾습니다. 그리고 나서 중·고등학생(◐ 또는 ◐◐) 25명(소집단♣)에 해당되는 놀이들 중에서 선택하는 것입니다. 놀이 대형을 무대 중심으로 정렬할 것인지, 반원, 원형, 이어달리기 대형으로 할 것인지를 결정하면 됩니다. 이렇게 하여 놀이를 필요한 만큼 선정하는데 여분의 놀이들을 몇 개 더 준비하는 것이 좋습니다. 이렇게 정한 놀이들 번호와 준비물들은 수첩에 잘 기록해두십시오.

Chapter 1

여는 **놀이**

*

집단 초기에 가지는 놀이를 여는 놀이라고 합니다. 여는 놀이를 영어로는 ice breaking game, mixing game 또는 warm up game이라고 하지요. 모임에 처음 참가하여 낯설고 어색해 하는 참가자들을 도와주기 위한 놀이입니다. 여는 놀이는 얼음처럼 냉랭한 분위기를 녹여주고ice breaking, 어색하고 불편한 관계를 해소하여 마구 섞어놓음으로써mixing, 안전하고 포근하고 기대하는 분위기로 덥혀주는warming up 데 효과적입니다. 여는 놀이는 복잡하거나 어렵지 않고 엉겁결에 따라 하면서 쉽게 빠져들 수 있도록 하는 것이 좋습니다.

스티커 붙이기

준비물 : 스티커 **모둠 형태** : 전체

참가자들에게 스티커를 10장씩 나누어 주세요. 시작이 되면 사람들은 돌아다 니면서 만나는 사람과 가위바위보를 해 이긴 사람이 진 사람의 얼굴에 스티 커를 붙여 줍니다. 스티커를 모두 사용한 사람은 자기 얼굴에 붙어있는 스티 커를 떼어 붙여줄 수 있습니다. 누구 얼굴에 스티커가 가장 많이 붙어 있는지 알아봅시다. 놀이를 마친 다음에도 한동안 얼굴에 붙은 스티커를 떼지 않고 다니도록 하세요.

숲속의 축제

준비물 : 동물이름이 적힌 쪽지(인원수만큼), 스카치테이프   **모둠 형태** : 전체

참가자들에게 동물 이름을 적은 쪽지를 한 장씩 나누어 줍니다. 이때 다른 사람들에게 쪽지에 적힌 내용을 보여주지 않고 있다가 근처에 있는 사람들의 등에 서로 쪽지를 붙여 주고, 또한 다른 사람이 자기 등에 쪽지를 하나 붙이도록 합니다. 이때도 절대로 다른 사람에게 쪽지를 보여주지 마세요. 이렇게 되면 자기 등에 붙어있는 쪽지에는 어떤 동물이름이 적혀 있는지를 본인만 모를 뿐 다른 사람들은 모두 볼 수 있게 되지요. 시작이 되면 사람들은 이 사

람 저 사람들을 찾아다니면서 자신이 누구인지를 물어보아 빨리 알아맞히도록 하십시오. 그런데 사람들은 다른 사람들의 질문에 오직 "예" 또는 "아니오"라고만 대답할 수 있습니다. 이렇게 하여 모두가 동물이름을 알아맞힌 다음에는 물고기, 곤충, 새, 포유동물끼리 모이게 하여 모둠을 만들어도 좋습니다.

2-003

뻔데기

준비물 : 없음   **모둠 형태** : 전체

참가자들은 원대형으로 둘러앉습니다. 지도자가 원 주위를 돌아다니다가 한 사람을 지적하면서 "뻔" 하고 외치면 그 사람은 "데기" 하고 대답하고, "데기"하면 "뻔" 하고 대답해야 합니다. 이밖에 "뻔뻔" 하면 "데기 데기"라고 대답하고, "뻔데기"라고 한 경우에는 "데기뻔" 하고 대답합니다. 지도자는 조금씩 어렵게 해 보세요. 즉 "뻔뻔 데기 데기"라고 하면, 지명된 사람은 "데기 데기 뻔뻔"해야겠지요. 이 놀이는 2~4모둠으로 나누어서 겨루기를 해도 재미있습니다. '뻔데기' 대신에 '때때옷', '쿵더쿵', '송아지'를 가지고 해도 됩니다. 이밖에도 재미있는 단어를 만들어서 해 보세요.

25

2-004

박수치기

준비물 : 없음 **모둠 형태 :** 전체

지도자는 참가자들 앞에 서서 두 손을 왼쪽에 위 아래로 세웁니다. 그리고 참가자들에게 이제 양손을 흔들어서 손바닥이 겹칠 때는 박수를 치고 겹치지 않을 때는 박수를 쳐서는 안 된다고 알려주십시오. 지도자는 손을 흔들어서 두 손바닥이 마주칠 찰나에 멈춥니다. 그러면 속아 넘어가서 박수를 치는 사람들이 나오지요. 지도자는 사람들이 꼼짝없이 속아 넘어가도록 손동작을 하며 재미있게 진행해 보세요.

2-005

산토끼

준비물 : 없음　**모둠 형태 :** 전체

참가자들은 지도자의 율동을 따라하면서 산토끼 노래를 신나게 불러봅니다. 그러면서 참가자들에게 자기가 하는 동작을 그대로 따라하지 말고 반대로 해 보도록 합니다. 지도자가 사람들을 찾아다니며 한 사람 앞에 서서 정신없이 빠른 동작을 해 도무지 따라할 수 없게 만듭니다. 이렇게 하여 걸린 사람에게 는 자기 소개 시간을 준 다음 다시 해 보세요.

놀이하는 지혜　'어둠 속 짝 찾기'와 '어둠 속에서 친구들 만나기' 같이 깜깜한 어둠 속에서 하 는 놀이는 소극적이고 소심한 청소년들에게 큰 힘을 실어준답니다. 어둠은 가면과도 같은 기능을 합니다. 즉, 아무도 나를 볼 수 없다는 것이 그들에게 용기를 북돋아 주어서 함성을 지르고 엉뚱한 행동을 할 수 있도록 도와줍니다. 어둠 속에서 신나게 소리 지르고 맘껏 행동하는 것은 카타르시 스 효과가 있는 것이 분명합니다. 마음속에 억누르고 있던 그 무엇을 배출해 내는 통쾌함이 있습 니다.

2-006

박수 한 번, 박수 두 번

준비물: 없음 **모둠 형태**: 전체

지도자의 재치가 돋보이는 놀이입니다. 지도자는 참가자들 앞에 서서 자기가 두 번 박수를 치면 자기가 허리를 구부려 인사하고, 박수를 한 번 치면 사람들이 자기에게 인사하기로 하자고 제안합니다. 하지만 실제로 할 때 지도자는 일부러 틀리게 행동하는데 박수를 한 번만 치고도 인사하고, 박수를 두 번 칠 때는 인사하지 않습니다. 이것을 지켜보는 사람들에게 지도자는 자기가 틀린 행동을 했을 때는 인사하지 말고, 맞게 했을 때만 인사를 하도록 합니다. 한 번 해 보면 이것이 여간 까다로운 일이 아니라는 사실을 알게 될 것입니다.

두드리고 쓰다듬고

준비물 : 없음　**모둠 형태 :** 전체

지도자는 사람들이 주먹을 쥐고 양 무릎을 두들기도록 합니다. 다시 오른손으로 무릎을 두드리고 왼손은 펴서 무릎을 문지르게 합니다. 그 다음 지도자가 "반대로!" 하면 두드리던 오른손을 펴서 문지르고 왼손은 주먹을 쥐고 두드립니다. 지도자가 "반대로!"를 수시로 하는 과정에서 엉뚱한 동작이 계속 이어질 것입니다.

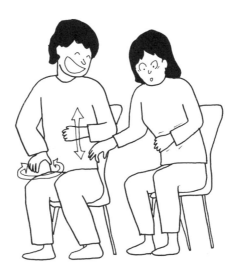

2-008

명지휘자

준비물 : 없음   모둠 형태 : 전체

세 박자 노래를 부르면서 양손으로 삼각형을 그리도록 합니다. 이번에는 양손을 아래 위로 내리고 올리면서 두 박자 지휘를 하도록 하십시오. 그런 다음 지도자는 사람들이 세 박자 노래를 부르면서 왼손으로는 두 박자 지휘를 , 오른손으로는 세 박자 지휘를 동시에 하도록 합니다. 결코 쉽지 않을 것입니다. 따라서 지도자는 미리 능숙하게 시범을 보일 수 있도록 연습을 해 두십시오.

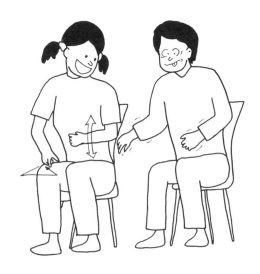

오리가 난다

준비물 : 없음　**모둠 형태** : 전체

지도자가 "오리가 난다" 하면서 두 손을 펼쳐서 날갯짓 하는 시늉을 하면 사
람들은 이를 따라서 합니다. 그러다가 지도자가 갑자기 "까치가 난다"고 하
면 사람들은 자리에서 일어나 더 큰 동작으로 날갯짓하는데, 지도자가 속임
수로 "거북이가 난다" 하면 사람들은 이내·손을 내려놓고 가만히 있어야 합
니다. 그런데 다 그렇지 않고 의자에서 벌떡 일어나 손을 흔드는 사람이 반드
시 한두 명쯤은 나오게 마련입니다. 본인은 무안하겠지만 보는 사람들은 즐
겁지요. 속임수에 걸려든 사람이 이어서 다시 합니다.

꽝·꽈광!

준비물 : 없음 **모둠 형태 :** 전체

지도자는 이리저리 돌아다니다가 갑자기 한 사람을 향해 총 쏘는 흉내를 내면서 "꽝!" 하고 외치면 그 사람은 즉시 "꽈광!" 하고 외쳐야 합니다. 이때 우물거리거나 "어머나…" 하는 식으로 대답하면 잡힙니다. 이와 반대로 지도자가 "꽈광!" 하고 총을 쏘면 지명된 사람은 "꽝!"해야 합니다. 좀 더 복잡하게 지도자가 "꽝 꽈광!" 하면 "꽈광 꽝!" 하고, "꽝꽝!" 하면 "꽈광 꽈광!" 하면 되지요. 지도자가 골탕 먹이기로 작정하고 한 사람에게 "꽝 꽈광 꽈광 꽝꽝 꽈광!" 하면 꼼짝 없이 걸리게 되지요. "꽝!" "꽈광!" 대신에 "뽕!" "뽀옹!" 하고 바꿔서 해 보아도 좋습니다.

가라사대

준비물 : 없음　**모둠 형태 :** 전체

가라사대 놀이는 누구나 한 번쯤은 해 보았을 것입니다. 지도자는 참가자들에게 '가라사대' 라고 시작하는 말에는 알려준 대로 하고, '가라사대' 로 시작하지 않은 말은 따라하지 말도록 하십시오. 이렇게 말하고 나서 "알겠어요? 자! 이제 박수를 힘차게 치면서 시작합시다."라고 말하면 사람들은 영락없이 지도자의 농간(?)에 속아 넘어가서 박수를 치게 될 것입니다. '가라사대' 라는 말로 시작하지 않았으니 박수를 쳐서는 안 되지요. 이렇게 시작하여 지도자가 시치미를 뚝 떼고 진행하면 '난 절대로 안 속지.' 하고 생각하던 사람도 엉겁결에 속아 넘어가기 쉽답니다.

자연물 채집

준비물 : 물건의 이름들을 적어 놓은 쪽지(모둠 수만큼)
모둠 형태 : 5~8명으로 구성된 여러 모둠

지도자는 각 모둠에서 한 사람씩 나오도록 하여 자연물 이름을 적은 쪽지를 나누어 줍니다. 자연물들은 도토리 하나, 나무에 낀 이끼, 네 잎 클로버, 소나무의 잎, 살아있는 개미 한 마리, 녹슨 철사, 버려진 깡통 등과 같이 주변에서 찾을 수 있는 것들입니다. 시작이 되면 모둠별로 쪽지에 적힌 자연물들을 찾아다니며 빨리 구해오도록 하세요.

놀이하는 지혜

지도자는 참가자들을 놀려주겠다는 생각을 접고 그들이 그들 자신의 방법과 표현으로 놀이에 참여하도록 도와주십시오. 예를 들어, '자연물 채집' 같은 놀이는 여러 모둠으로 나누어 모둠별로 과제를 적은 쪽지를 나누어 주는 것으로 놀이가 시작됩니다. 이제 놀이를 하는 것은 참가자들의 몫입니다. 그렇다고 지도자의 역할이 없는 것은 아닙니다. 지도자가 참가자들에게 쪽지를 나누어 줄 때 "자! 여러분, 이제 쪽지를 모둠별로 하나씩 나누어 주었는데 거기에 적혀 있는 것들은 모둠 친구들이 힘을 합쳐 빨리 찾아야 합니다. 그러니 모두 찾으려면 작전도 필요하겠지요. 어느 모둠이 가장 먼저 찾아서 가져올 것인지 기대가 됩니다. 자! 그럼 시작!" 하고 크게 외치세요. 그러면 참가자들은 쪽지를 중심으로 와르르 몰려들어서 찾기에 열중할 것입니다. 놀이지도자의 역할은 참가자들이 스스로 즐기도록 지지하고 후원하고 촉진하는 데 있습니다.

희한한 웃음소리

준비물 : 없음 **모둠 형태** : 전체

모임을 시작할 때 긴장된 분위기를 풀어주는데 크게 도움이 되는 놀이입니다. 지도자는 참가자들 중에서 웃을 때 입이 가장 긴 사람을 뽑겠다고 알리고 자원하는 몇 사람들을 앞으로 모십니다. 참가자들은 돌아가면서 크게 "하하" 하면서 입을 옆으로 길게 늘려야 합니다.

중요한 것은 웃음소리입니다. 왜냐하면 입을 옆으로 길게 늘리다 보면 "하하" 하는 웃음소리가 나올 수 없고 갈수록 음침한 웃음만이 뚜렷해지기 때문입니다. 웃는 입의 크기를 측정하기 위해서는 입에 굵은 스카치테이프를 붙였다가 떼어서 그 자국으로 크기를 재보면 됩니다.

헷갈려

준비물 : 없음 **모둠 형태** : 전체

지도자가 참가자들 앞에 서서 다음과 같이 따라해 보도록 합니다. 지도자가 머리를 손바닥으로 만지면서 "이것은 내 머리입니다."라고 말하면 참가자들은 지도자를 따라서 똑같이 합니다. 이런 방식으로 여러 번 반복해 보는데 누구나 쉽게 따라 할 수 있습니다. 이번에는 지도자가 머리를 손바닥으로 만지면서 "이것은 내 머리입니다."라고 할 때, 참가자들은 그대로 따라 해서는 안 됩니다. 참가자들은 전과 같이 "이것은 내 머리입니다."라고 대답하면서, 머리 외에 다른 신체 부분을 손가락으로 가리켜야 하는 것이지요. 쉬울 것 같지요? 천만에요. 처음에는 '이것쯤이야!' 하겠지만, 지도자가 점점 빠른 속도로 하면 실수하는 사람들이 속출하게 됩니다.

공 돌리기

준비물 : 배구공만 한 크기의 공 2개 **모둠 형태 :** 전체

모든 사람들은 둥글게 둘러서고 그중에서 두 사람이 공을 들고 있습니다. 시작이 되면 공을 들고 있는 사람들은 각자 다른 방향으로 옆 사람에게 공을 전달하는데 어느 순간 한 사람이 동시에 공을 두 개 받게 되면 그 사람은 잡히게 되어 자기 소개를 하거나 노래 또는 간단한 장기를 한 가지 소개합니다. 그리고 나서 다시 시작합니다. 공은 반드시 손으로 잡아서 옆 사람에게 넘겨주어야 하며 던지거나 건너뛰어서 전달하면 안 됩니다.

안마사

준비물 : 없음　**모둠 형태 :** 전체

함께 노래를 신나게 부르면서 오른쪽 사람의 등에 주먹을 대고 서로 시원하게 안마해 줍니다. 지도자가 "반대로!" 하면 몸을 돌려서 왼쪽 사람을 안마합니다. 노래가 끝날 때까지 계속하며 지도자는 "반대로!"를 수시로 합니다. 두드리기를 마치면 어깨 주물러주기, 쓰다듬기, 간지럼 태우기 등으로 바꿔서 계속합시다. 노래는 '퐁당퐁당', '앞으로' 등이 적당하지요.

☐ 놀이 과정

준비 과정

- 지도자는 사전에 모임의 주제와 목적, 참가인원수, 성별, 연령, 수준, 모임 장소(실내, 실외 등), 시간, 모임의 성격, 날씨 등을 종합적으로 검토하여 세심하게 준비해두세요.
- 모임 장소는 사전에 답사해두는 것이 원칙입니다.
- 단위 프로그램과 순서가 결정되면 준비물, 소품을 준비해두고 부지도자를 선정하십시오.
- 필요한 소도구들도 미리 확인하고 만약의 경우에 대비해서 여분의 도구를 준비해두세요.
- 모임 장소에 미리 도착한 사람들을 위한 프로그램도 준비해두십시오.

진행 과정

- 지도자는 모든 참가자들이 쉽게 볼 수 있는 편안한 장소에 위치하도록 하며, 원대형인 경우에는 원 중앙에 서지 않도록 하세요.
- 놀이는 참가자들의 수준과 규모에 맞고, 처음에는 누구나 쉽게 즐길 수 있는 쉽고도 간단한 놀이를 준비하십시오. 지도자는 참가자들이 자발적으로 참여하여 즐길 수 있도록 동기를 부여하고 상호 의미 있는 인간관계가 이루어지도록 촉진하십시오.
- 동적, 정적인 내용을 적절히 혼합하여 참가자들이 쉽게 피로를 느끼는 일이 없도록 하세요.
- 지도자는 놀이의 성격과 진행 방법을 완전히 숙지히고, 메모해두도록 하세요.
- 지도자는 놀이 규칙을 간단명료하게 설명하고, 직접 시범을 보이는 것이 효과적입니다.
- 시작 시간과 마치는 시간이 정확해야 합니다.
- 분위기가 절정에 이르렀을 때 질질 끌지 말고 디음 놀이를 준비하십시오.
- 지도자 자신이 놀이에 먼저 몰입하여 즐기세요.
- 지도자는 항상 미소를 짓는 모습으로 긍정적이고 격려하는 자세로 참가자들을 대하십시오.
- 비상시를 대비한 여분의 놀이와 우천 시에 적절한 놀잇감들을 미리 준비해두십시오.
- 참가자들이 지루함을 느끼면 이미 마감 시간을 놓친 것입니다. 아쉬움이 남을 때 모임을 과감하게 마무리하십시오.

평가 단계

합리적인 정확한 평가는 지속적인 발전을 위해 소중하고도 필수적인 기초 자료가 됩니다. 평가를 하는 주된 목적은 프로그램의 성패를 판결하는 데 있는 것이 아니라 지속적인 발전과 갱신에 있습니다. 다음은 평가과정에서 검토해야 하는 내용들입니다.

- 놀이가 참가자들의 흥미와 욕구에 기초한 적합한 것이었습니까?
- 참가자들의 연령에 어울리는 놀이였습니까?
- 참가자들의 반응은 어떠하였으며 참가자들은 자발적으로 놀이에 참가하였습니까?
- 참가자들은 놀이를 재미있게 즐겼습니까?
- 참가자들이 자기표현을 할 수 있도록 기회를 주었습니까?
- 참가자들 중 소외감을 느낀 사람은 없었습니까?
- 윤리적으로 건강한 놀이였습니까?
- 지적 · 정서적 · 신체적 · 영적 · 사회적으로 균형을 이룬 놀이였습니까?
- 질서 있는 분위기에서 놀이 규칙이 잘 지켜졌으며 무질서하지는 않았습니까?
- 과열경쟁으로 다툼이나 불만은 없었습니까?
- 준비물은 적당한 것이었으며 부족한 것은 없었습니까?
- 시간배정은 적절하였습니까?
- 프로그램 구성이 짜임새가 있었으며 진행이 원만하게 이루어졌습니까?
- 참가자들이 상호 의미 있는 만남과 사귐을 가지는데 도움이 되는 놀이였습니까?
- 장소(크기, 분위기, 청결 · 환기상태 등)와 도구(조명, 마이크, 악기, 의자 등)가 적절했습니까?
- 민주적인 분위기에서 진행되었습니까?
- 참가자들이 활동을 통해서 발전, 성장하고 성취감을 느꼈다고 생각하십니까?

Chapter 2

두 사람이
즐기는 놀이

발등 밟기

준비물 : 없음 모둠 형태 : 2인 1조

두 사람이 마주보고 양손을 잡습니다. 시작이 되면 서로 자기 발은 밟히지 않도록 피하면서 상대방의 발을 밟습니다. 이렇게 하여 먼저 상대방의 발등을 밟으면 이기는데 세 번 먼저 밟을 때까지 계속하다가 짝을 바꾸어 다시 해 보세요.

한손 씨름

준비물 : 없음 **모둠 형태 :** 2인 1조

두 사람이 오른발 바깥쪽을 서로 붙이고 서서 손을 잡습니다. 시작이 되면 손을 당기거나 밀어서 상대방의 균형을 무너뜨려 먼저 쓰러뜨리는 놀이입니다.

성냥갑 떨어뜨리기

준비물 : 없음 **모둠 형태 :** 2인 1조

두 사람이 마주보고 오른손을 펴서 손가락이 겨우 닿을 만큼의 간격을 두고 선 다음 성냥갑(또는 바둑알)을 한 개씩 나누어 주고 손등 위에 올려놓도록 합니다. 이런 상태에서 시작이 되면 두 사람은 자기 손등에 올려놓은 성냥갑(바둑알)이 떨어지지 않도록 조심하면서 상대방의 손등에 얹혀있는 성냥갑(바둑알)을 떨어뜨리도록 합니다. 두 사람은 손가락만 사용할 수 있습니다.

손 씨름

준비물 : 없음   **모둠 형태 :** 2인 1조

두 사람이 세 뼘 정도 떨어져 마주보고 섭니다. 시작이 되면 손바닥으로 상대방의 손바닥을 치거나, 상대방의 손바닥을 피해서 상대방을 쓰러뜨립니다. 손바닥으로만 칠 수 있으며 몸을 밀치거나 잡아당기지 못합니다. 이 놀이는 힘이 세다고 이기는 것이 아니랍니다. 상대방이 손으로 세게 밀칠 때 재빠르게 피하면 오히려 제풀에 쓰러지게 할 수도 있기 때문이지요. 두 발 중 하나라도 땅에서 떨어지는 사람이 지게 됩니다.

엉덩이 씨름

준비물 : 없음 **모둠 형태 :** 2인 1조

두 사람이 두 뼘 정도 떨어져서 등을 대고 섭니다. 시작이 되면 엉덩이로 상대방을 힘차게 차거나 피해서 쓰러뜨립니다. 두 발 중 하나라도 땅에서 떨어진 사람이 지게 됩니다.

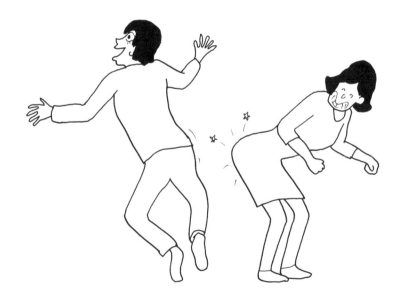

46

그루터기 씨름

준비물 : 통나무(길이 40cm, 직경 30cm), 밧줄(길이 5m, 직경 3cm)
모둠 형태 : 5~10명씩 두 모둠을 구성

직경 30cm, 길이 40cm 정도의 통나무 두 개를 3m 간격으로 떨어뜨려 놓고
두 사람이 하나씩 차지하여 그 위로 올라갑니다. 두 사람은 5m 정도 길이의
밧줄 양쪽 끝을 하나씩 잡아서 허리에 두릅니다. 시작이 되면 밧줄을 갑자기
잡아당기거나 풀어서 상대방을 통나무 위에서 떨어뜨립니다. 통나무 위에서
하기 때문에 안전상 잔디밭이나 모래판에서 하는 것이 좋습니다.

2-023

2인 줄다리기

준비물 : 밧줄(길이 4~5m)   **모둠 형태** : 5~10명씩 두 모둠을 구성

두 사람이 2~3m 정도 떨어져서 4~5m 길이의 밧줄 양쪽 끝을 잡고 허리에 두릅니다. 시작이 되면 밧줄을 끌어당기거나 풀어서 상대방 몸의 균형을 깨 뜨립니다. 이렇게 하여 한 발이라도 땅에서 떨어지는 사람은 지게 됩니다.

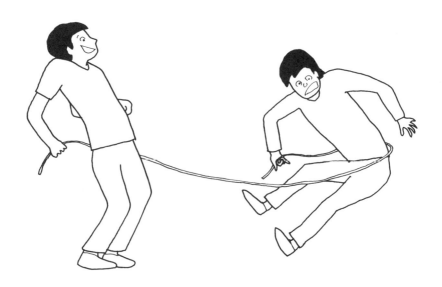

앗 뜨거, 앗 차거

준비물 : 눈가리개, 장애물로 사용할 물건들(쓰레기통, 책 등)
모둠 형태 : 2인 1조 또는 모둠 대항으로 진행

두 사람이 짝을 이루고 한 사람은 눈가리개를 합니다. 다른 한 사람은 눈을 가린 친구를 안전하게 인도할 책임이 있습니다. 인도자는 눈가리개를 한 사람이 장애물이 있는 위험지대를 안전하게 통과하도록 도와주는데 단지 "앗 뜨거", "앗 차거"라는 말 외에 다른 말은 일체 할 수 없습니다. 눈을 가린 사람이 방향을 이탈하면 인도자는 "앗 뜨거"라고 하여 알려주고, 제 방향으로 가면 "앗 차거"라고 말하년 됩니다. 이 말을 빠르고 느리게, 작고 크게 함으로써 길을 인도하는 것입니다. 한 바퀴를 안전하게 돌아 오면 두 사람이 역할을 바꿔 다시 해 봅시다.

신문지 당기기

준비물 : 신문지 **모둠 형태 :** 2인 1조, 또는 모둠 대항으로 진행

두 사람에게 신문지를 한 장씩 나누어 주고 머리가 들어갈 만한 구멍 두 개를 아래 그림과 같이 뚫습니다. 그런 다음 두 사람은 그 구멍에 머리를 집어넣고 마주보고 섭니다. 시작이 되면 두 사람은 목을 뒤로 젖혀서 상대방 쪽의 신문지가 먼저 찢어지도록 하는데 한 쪽이 완전히 찢어질 때까지 계속합니다. 이 놀이는 무조건 세게 당기기만 해서 안 되는 것입니다. 때로는 끌려가기도 하고 당기기도 하면서 요령껏 상대를 다루는 데 이 놀이의 묘미가 있습니다. 머리 구멍 둘레에 비닐테이프를 붙여 튼튼하게 할 수도 있습니다.

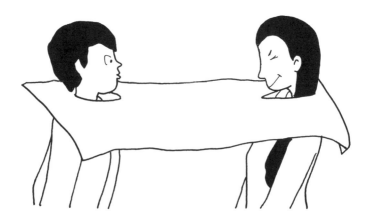

■ 놀이에 대한 오해

우리나라 놀이의 문제점을 논하고자 하니 "과연 우리나라 청소년들에게 놀이가 존재하는가?"라는 서글픈 생각이 듭니다. 청소년이 존재하는 한 좋고 나쁜 청소년 놀이문화는 언제나 공존하지만 상급학교 진학에 매달려야 하는 우리 청소년들에게 건전한 놀이문화는 설 자리를 잃어버린 것이 사실입니다.

그 이유는 첫째, 무엇보다도 놀이를 오해하고 경시하는 데서부터 비롯되었다고 봅니다. 즉 놀이는 백해무익하고, 게으르고, 쓸데없는 짓이고, 시간낭비인 비생산적인 것이라고 보기 때문입니다. 이처럼 놀이를 백안시하는 마당에 "놀이가 바로 교육이다."라는 말은 설득력을 잃어버렸습니다. 우리나라 청소년 놀이가 가진 가장 근원적인 문제는 놀이에 대한 오해와 이로 인한 경시풍조에 있습니다.

둘째, 청소년들에게 놀이를 허용하지 않는 사회 분위기가 오히려 그들만이 따로 모여서 즐길 수 있는 음성적이고 기형적인 놀이문화를 만들어놓았습니다. 공부만을 강요받고 자란 청소년들은 놀이를 하면서도 자유로움을 느끼지 못합니다. 오히려 그들은 불안하고 죄의식까지 느끼는 지경에 이르렀습니다. 청소년들은 어떻게 해서든 자기(들)만의 세계를 가지려고 하다 보니 불건전하고 비정상적인 일탈행위를 저지르게 되는 것입니다. 결국 청소년들이 술, 담배에 탐닉하게 되고, 약물, 성문제, 가출과 같은 비행, 일탈행위에 쉽게 빠져들어 가는 것은 이와 무관하지 않습니다.

셋째, 놀이 그 자체가 가지고 있는 문제점들입니다. 청소년들은 그토록 줄 세우기식 등수 매김을 싫어하면서도 정작 놀이터에서조차 경쟁 없이 협동하고 친구들과 사귀고 만나는 놀이를 상상조차 못하고 있습니다. 어른들로부터 받는 서열 매기기를 그들도 그대로 답습하고 있는 실정입니다. 놀이에서의 규칙은 또 어떻습니까. 놀이에서조차 법을 어겨서라도 일등을 해야 하고, 일관성이 없는 막판 뒤집기, 속임수, 요행, 한탕주의가 난무하고 있습니다. 놀이에서 규칙이 지켜지고 모두의 약속으로 존중하지 않는다면 그 놀이는 이미 놀이라고 할 수 없습니다. 그런 자리에서는 내적인 만족이나 보람을 기대할 수 없으며 점수와 시상이 주는 외적인 보상만이 허수아비로 남게 됩니다. 친구들과의 깊은 만남과 사귐, 감격스러운 느낌을 기대할 수 없는 것입니다.

넷째, 자유와 자발성이 결여되어 있습니다. 청소년들은 그토록 자유를 갈구하면서도 정작 자유시간이 주어지면 어찌할 바를 모릅니다. 늘 어른이나 사회가 이끄는 대로 끌려왔기 때문에 그들은 자기만의 자유를 즐길 수 없는 지경에 이르렀습니다. 이런 현상은 공연문화에서 극명하게 드러납니다. 오늘의 청소년들은 연예인들 앞에서 열광하고 있습니다. 콘서트에 구름처럼 몰려든 청소년들은 자유를 만끽하며 광란하면서 '어른들은 몰라요'라고 외칩니다. 하지만 냉정히 살펴보면 그 자리 역시 그들이 지긋지긋해하는 교실과 별반 다를 바 없습니다. 단지 그들이 싫어하는 어른 교사 대신, 그들이 좋아하는 슈퍼스타를 무대(강단)에 올려놓고 비싼 돈을 지불하면서 광란하고 있는 것이 다를 뿐, 그 자리에서 그들은 여전히 수동적인 관객으로 머물게 됩니다. 그 자리에서 청소년들은 스스로 자발적이고 자유롭다고 하지요. 그러나 알고 보면 그 자리는 상업주의가 난무하는, 청소년 스스로가 자청하여 수동적인 불구자가 되어가는 기만적인 현장입니다. 그들은 열광하지만 그 자리에 있는 자기 자신은 진정 주인공이 아니라 관객일 뿐입니다. 이렇게 자란 청소년들은 슈퍼맨을 바라보고 맹종하는 노예가 될 수밖에 없습니다.

다섯째, 정보화시대를 사는 청소년들에게 저질 정보들이 홍수같이 밀려오고 있습니다. 무한대의 정보를 추구하는 정보화시대에 부도덕한 상혼들이 쏟아 붓는 퇴폐, 음란 정보들이 컴퓨터를 통해 가정 깊숙이 파고들어 자제력이 약한 청소년들의 혼을 빼앗고 무자비하게 난도질하고 있습니다. 청소년들이 지금처럼 컴퓨터게임에 탐닉하게 되면 이들은 점차 가상세계와 현실을 구분하지 못하는 불구자가 되고 말 것입니다. 인간과 인간의 만남, 사귐, 나눔, 섬김, 돌봄과 같은 감격을 경험하지 못한 청소년들은 갈수록 비인간화되어 가고, 보다 찰나적인 자극과 정보에 탐닉하게 되고, 옛것에 대해서는 애착을 느끼지 못하는 정신적 불구자가 될 수밖에 없습니다. 이를 어찌해야 한단 말입니까?

Chapter 3

겨루기 **놀이**

*

경쟁적 요소가 없는 놀이는 드뭅니다. 경쟁 놀이라고 해서 모두 나쁜 것은 아니며, 또한 경쟁이 협동 놀이와 상반된 것도 아닙니다. 참가자들의 동의를 거쳐서 정한 규칙을 존중하고 지키면서 하는 놀이에서는 이기고 지는 것이 문제가 되지 않습니다. 놀이에서 진 사람도 결과에 관계 없이 놀이 자체를 즐기기 때문입니다. 치열한 경쟁을 하는 가운데서도 놀이하는 사람들은 깊은 사귐과 만남, 그리고 협동이 이루어집니다. 경쟁은 놀이의 조건인 것이지 목적이 될 수 없습니다. 승패의 결과를 가지고 물질적 보상을 하는 것은 놀이가 아닌 것입니다. 지도자는 참가자들이 놀이 규칙을 잘 준수하면서 승패를 떠나 놀이 자체를 즐길 수 있도록 도와주십시오.

보디가드

준비물: 배구공 **모둠 형태**: 5~10명씩 두 모둠을 구성

두 모둠 중에서 한 모둠이 원 안의 제한구역으로 들어간 다음 주장을 정하도록 합니다. 다른 한 모둠 사람들은 원 밖에 그려진 큰 원에 서서 작은 원 안의 상대편 주장을 배구공(탱볼)으로 맞혀야 합니다. 이때 작은 원 안의 사람들은 주장을 제외하고 모두 한 발로만 서 있어야 하는데 발은 가끔 바꿔도 됩니다. 원 안에 있는 사람이 두 발 모두 땅에 닿으면 아웃이 됩니다. 주장을 지키는 사람은 날아오는 공을 손을 제외한 온 몸으로 막을 수 있습니다. 주장이 공에

맞으면 놀이는 끝나고 공수를 바꿔 다시 합니다. 지도자는 주장이 공에 맞을 때까지 시간을 재서 어느 모둠이 더 오래 버티는지 알아보세요. 오래 버틴 모둠이 당연히 이기게 되지요.

놀이하는 지혜

어린 시절 우리가 놀았던 그때를 돌이켜 생각해 보세요. 놀이에서 지면 "한 번 더 하재"고 하면서 다시 했죠. 그래도 또 지면 "다시 한 번!" 이렇게 하면서 같은 놀이를 여러 번 반복했습니다. 곰곰이 생각해 보면 그때 했던 그 놀이는 경쟁 놀이가 아니었습니다. 이기고 지는 것은 큰 문제가 아니었습니다. 그리고 상품이 오간 적도 없었습니다. 여기에 우리가 되돌려야 할 소중한 교훈이 담겨 있습니다. 놀이에서 놀이 외에 다른 보상이 개입되면 놀이는 변질되고 도박으로 전락합니다. 이런 분위기에 젖은 어린이들은 놀이를 즐기지 못합니다. 오로지 보상에만 집착하게 되어 "이기면 뭐 줘요?"라는 말을 하게 되고 지면 "망했다."고 생각하게 되는 것이지요. 승부에 큰 의미를 두지 않고 물질적 보상을 하지 않으면 경쟁하는 놀이에서도 만남과 사귐, 그리고 협동이 이루어진답니다.

성역 축구

준비물 : 의자 6개 또는 8개, 탱볼　**모둠 형태** : 10~15명으로 구성된 두 모둠

성역 축구는 실내외에서 모두 즐길 수 있으며 한쪽으로 너무 기울지 않도록 배려한 놀이입니다. 탱볼과 6개 또는 8개의 의자가 필요합니다. 골라인에 각 각 3~4개의 의자를 배치합니다. 상대모둠 의자를 맞히면 득점이 되고 선수수는 제한이 없습니다. 일단 득점이 되면 득점한 모둠은 상대모둠의 의자를 한 개 가져와서 자기 골라인에 놓습니다. 결국 득점한 모둠이 불리하게 되는데, 이러한 식으로 시간을 정해 진행합니다. 문지기는 모둠당 1명으로 한정합니다.

승마 경주

준비물 : 청테이프 또는 풍선(인원수만큼)   **모둠 형태** : 5~8명으로 구성된 여러 모둠

2~4모둠으로 나누고 모둠별로 두 사람씩 짝을 이룬 후 한 사람이 기수가 되어서 다른 사람의 등에 업힙니다. 이때 업힌 사람은 등에 테이프로 종이를 붙이거나 풍선을 매답니다. 시작이 되면 모든 사람들은 놀이터 가운데로 몰려들어서 다른 모둠의 기수들 등에 붙어있는 종이(또는 풍선)를 빼앗습니다. 시간을 정해 하다가 어느 모둠이 가장 많은 종이(또는 풍선)를 빼앗는지 가려봅시다. 매우 격렬한 놀이여서 잔디밭에서 하도록 하고 말이 쓰러지게 되면 놀이터 밖으로 나가 있도록 합니다.

훔쳐보기

준비물 : 필기도구　**모둠 형태 :** 5~10명씩 두 모둠을 구성

땅바닥에 직경 5m 정도의 원을 그리고 짝을 지은 두 사람의 등에 한 글자씩
적은 종이를 붙여줍니다. 이때 다른 사람들이 그것을 보지 못하도록 하세요.
예를 들면, 짝을 이룬 두 사람의 등에 각각 '오'와 '리', 다른 두 사람에게는
'바'와 '위'가 적힌 종이를 붙여줍니다. 이렇게 모든 짝에게 같은 방법으로
붙이고 두 쌍이 원 안으로 들어와서, 시작이 되면 서로 상대방의 등에 적힌

글자를 훔쳐보도록 합니다. 그러면서도 자기 등의 글자를 상대방이 볼 수 없도록 감추어야겠지요. 상대편 두 사람의 글자를 모두 훔쳐본 사람은 "그만!" 하고 외치고 그 글자를 맞혀야 합니다. 그런데 이 놀이는 놀이 도중에 자기 짝과 이야기를 나눌 수 없습니다. 따라서 한 사람이 상대편 두 사람의 글자를 모두 훔쳐봐야 하기 때문에, 더욱더 두 사람의 협동과 전략이 필요하지요.

동전 축구

준비물 : 동전　**모둠 형태** : 3~5명으로 구성된 두 모둠

이 놀이는 타일바닥이면 어디서나 가능합니다. 동전 축구는 말 그대로 축구공 대신에 동전을 발로 차서 상대 모둠의 벽(폭 2~4m)에 동전을 맞추는 놀이입니다. 두 모둠으로 나누고 진영을 정한 후 중앙선에 놓여 있는 동전들을 서로 발로 차서 상대 모둠의 벽에 부딪히도록 합니다. 500원 짜리 동전은 1점, 100원 짜리 동전은 2점, 10원 짜리는 3점으로 계산합니다. 참가자 수와 놀이터의 크기에 따라 골대의 폭을 적당하게 정하십시오.

훌라후프 연결하기

준비물 : 모둠 수만큼의 훌라후프(훌라후프 대신 밧줄로 만든 고리를 사용해도 좋습니다.)
모둠 형태 : 5~8명으로 구성된 여러 모둠

모둠별로 정렬하고 각 모둠 맨 앞사람의 목에 훌라후프를 걸어줍니다. 시작이 되면 그 사람은 훌라후프를 다리로 떨어뜨려서 발등에 건 다음 옆 사람의 목에 걸어주는데 손은 사용할 수 없습니다. 이렇게 하여 어느 모둠이 가장 먼저 마지막 사람까지 마치는지 겨뤄봅시다.

2-032

손수건을 잡아라

준비물 : 손수건 **모둠 형태** : 5~10명으로 구성된 두 모둠

참가자들을 두 모둠으로 나누어 서로 마주보고 서도록 합니다. 어느 모둠에도 속하지 않은 한 사람을 술래로 정합니다. 술래는 손에 두 종류의 손수건(청색, 홍색)을 들고 중앙에 섭니다. 그런 다음 각 모둠에서 한 명씩 중앙으로 나와 코끼리 코로 제자리 돌기를 10회 한 후 마주보고 서도록 하고 술래가 손수건을 그들 가운데로 높이 던집니다. 두 사람은 달려가서 자기편 손수건을 줍고 제자리로 달려갑니다. 이와 같은 방법으로 계속하여 어느 모둠이 이기는지 겨뤄봅시다.

포위망을 뚫어라

준비물 : 없음
모둠 형태 : 10∼20명씩 두 모둠을 구성

두 모둠으로 나누고 한 모둠은 손을 잡고 원을 만들며, 다른 모둠은 원 안으로 모두 들어갑니다. 시작이 되면 원 안의 모둠 사람들은 자신들을 둘러싸고 있는 원을 뚫고 밖으로 나와야 합니다. 이때 원을 만들고 있는 모둠 사람들은 땅바닥에 내딛은 발을 움직일 수 없으며 다만 상체만을 움직여 상대 모둠 사람들이 뚫고 나가는 것을 막아야 합니다. 시간을 정해 놓고 두 모둠이 번갈아 해 보고 어느 모둠이 더 많이 빠져 나오는지 겨뤄봅시다.

2-034

무지개 축구

준비물 : 풍선(인원수만큼), 양동이 2개 **모둠 형태 :** 5∼8명으로 구성된 두 모둠

두 모둠에게 색깔이 다른 풍선을 하나씩 나누어 주고 불도록 합니다. 풍선들을 모두 농구 코트 중앙에 섞어 놓고, 각 모둠에서 골키퍼가 한 사람씩 나와 엔드라인에서 약간 떨어진 곳에 직경 2m의 원을 그리고 중앙에 큰 양동이를 놓습니다. 시작이 되면 두 모둠은 풍선을 손으로 쳐서 자기 모둠 골키퍼에게 전달하고 골키퍼는 풍선을 잡아서 그릇에 담습니다. 단, 골키퍼는 원을 벗어날 수 없습니다. 풍선을 손으로 잡을 수 없으며 손으로 쳐서 이동해야 하는데 상대 모둠의 풍선은 밟아서 터트릴 수 있습니다. 당연히 양동이에 풍선을 많이 담은 모둠이 이기게 되지요.

도깨비 혼내주기

준비물 : 눈가리개, 종이 몽둥이(2개) **모둠 형태** : 5~10명씩 두 모둠을 구성

두 모둠으로 나눈 후 마주보고 섭니다. 각 모둠 사람들은 고유번호가 있어서
지도자가 번호를 부르면 호명된 사람들은 눈가리개를 하고 더듬어서 몽둥이
를 찾습니다. 몽둥이를 먼저 찾은 사람이 정해진 시간 내에 몽둥이로 상대방
을 때리면 득점이 되고 만약 때리지 못했을 때는 상대방이 오히려 점수를 얻
게 됩니다. 안전을 위해 몽둥이는 손목만 흔들어서 때리도록 하십시오. 지도
자는 간간이 몽둥이를 쉽게 찾을 수 없도록 몽둥이의 약간 옮겨 놓으세요.

2-036

베개로 때리기

준비물 : 양동이, 베개 2개씩 **모둠 형태 :** 5~8명으로 구성된 여러 모둠

두 모둠으로 나누고 각 모둠에서 한 사람씩 나와 1m 정도 떨어진 양동이(또는 상자)를 한 개씩 차지하여 그 안에 들어갑니다. 그런 다음 베개를 한 개씩 나누어 주고 시작이 되면 두 사람은 쥐고 있던 베개로 상대방을 사정없이 쳐서 넘어뜨립니다.

아수라장

준비물 : 없음 **모둠 형태 :** 5~10명씩 네 모둠을 구성

같은 인원을 네 모둠으로 나누고 각각 사각형 놀이터의 귀퉁이를 하나씩 차지합니다. 시작이 되면 각 모둠 사람들은 재빠르게 대각선 방향의 반대편 귀퉁이로 달려갑니다. 이렇게 하여 어느 모둠이 가장 먼저 대각선 반대편 귀퉁이로 돌아갔는지 알아봅니다. 먼저 도착한 모둠이 1점을 얻게 되며 이런 방식으로 반복하여 어느 모둠이 가장 많은 점수를 얻는지 겨뤄봅시다. 다른 모둠 사람들을 가로막거나 붙잡는 것은 반칙입니다. 단순히 뛰는 대신 뒷걸음질하기, 외발로 달리기, 오리걸음, 옆으로 달리기, 2인 3각, 기어가기 등으로 다양하게 진행할 수 있습니다.

둘이서 사과 깎기

준비물 : 사과, 칼(모둠 수만큼)　　**모둠 형태 :** 6~10명으로 구성된 여러 모둠

각 모둠에서 두 사람씩 나와서 사과와 과도를 하나씩 받습니다. 시작이 되면 한 사람이 과도를 들고 다른 사람이 쥐고 있는 사과를 조심스럽고 신속하게 깎습니다. 두 사람은 모두 한 손만 사용할 수 있습니다. 누가 얇고 가늘게 깎아서 사과껍질을 길게 만드는지 겨뤄봅시다.

놀이하는 지혜

　　　　승부를 가리는 놀이에서 어떻게 하면 만남과 사귐, 협동이 이루어질 수 있도록 할 것인가를 놓고 오랫동안 고민해 왔습니다. 그런데 그 고민은 어린 시절 친구들과 동네 골목길에서, 캠프에서, 공터에서 놀았던 기억을 돌이켜보다가 어느 순간 통쾌하게 해결할 수 있었습니다. 그 해답은 아주 간단했습니다. 놀이에서 이긴 모둠이나 사람에게 이겼다고 알려 주고 그냥 넘어가면 경쟁 놀이의 폐해에서 벗어날 수 있습니다. 경쟁은 놀이의 조건인 것이지 목적이 되어서는 안 됩니다. 이기고 지는 것은 문제가 되지 않습니다. 경쟁 놀이에서도 규칙을 잘 지키는 가운데 하게 되면 사람은 진솔한 만남과 사귐을 가지게 되고 우정을 나눌 수 있게 된답니다. 승부에 집착하거나 보상에 관심을 가지게 되면 공동체는 깨져 버리고 놀이는 왜곡되어 버립니다.

림보

준비물 : 림보 놀이기구   **모둠 형태 :** 전체

림보는 익히 잘 알려진 놀이입니다. 장대를 건드리지 않고 위를 뛰어넘는 높이뛰기와 달리 림보는 장대 밑을 안전하게 빠져가는 놀이입니다. 문제는 허리를 앞으로 굽히지 않고 반대로 뒤로 젖혀서 조심조심 장대를 건드리지 않고 빠져나가야 하는 데 있습니다. 이때 손은 몸에 댈 수 있지만 바닥에 닿아서는 안 됩니다. 누구나 쉽게 빠져나갈 수 있도록 장대를 높이 달아서 시작하다가 점차 장대를 낮추면서 계속합니다. 이렇게 하다 보면 장대를 건드려서 떨어뜨리거나 넘어지는 사람이 속출하게 됩니다.

두더지 소동

준비물 : 포대자루 6개, 눈가리개   **모둠 형태 :** 5~8명으로 구성된 두 모둠

두 모둠으로 나뉘어 10m 거리를 두고 마주보고 선 다음 모둠별로 두 사람씩 나와서 눈을 가립니다. 시작이 되면 그 사람들(그러니까 각 모둠에서 두 명씩 총 네 명)은 기어가서 중앙에 놓인 포대를 뒤집어쓰고 통과하여 자기 모둠으로 돌아옵니다. 눈을 가리고 하는 놀이이므로 포대자루는 인원수보다 두 개 정도 많은 것이 바람직합니다. 나머지 사람들은 눈을 가리고 포대를 찾는 친구들에게 큰 소리로 알려주세요.

소몰이

준비물 : 없음　**모둠 형태 :** 10~20명씩 두 모둠을 구성

남녀의 수가 같도록 두 모둠을 만들고, 각 모둠에서 여자는 카우보이가 되고 남자는 들소가 됩니다. 두 모둠 사람들은 모두 원 안으로 들어가서 남자는 놀이가 끝날 때까지 손을 무릎에 댄 채 계속 있도록 합니다. 시작이 되면 각 모둠의 여자들은 상대 모둠의 남자들을 우리 밖으로 밀거나 끌어당겨서 내쫓습니다. 이때 여자들은 여럿이 달려들어서 상대 모둠의 남자들을 끌어낼 수 있습니다. 정해진 시간 동안 우리에서 남자들을 더 많이 끌어낸 모둠이 이깁니다.

골목대장

준비물 : 없음 **모둠 형태 :** 전체

인원수를 감안하여 원을 적당한 크기로 그리고 그 안에 모든 사람들이 들어갑니다. 시작이 되면 사람들은 서로 밀거나 잡아당겨서 다른 사람들을 원 밖으로 내보냅니다. 원 밖으로 밀려나거나 선에 발이 닿은 사람은 즉시 나가도록 하세요. 이렇게 하여 누가 가장 마지막까지 살아남는지 겨뤄봅시다. 이 놀이는 모둠으로 나누어 겨루기를 할 수도 있습니다.

풍선 면도

준비물 : 풍선, 면도기, 면도거품 **모둠 형태** : 6~8명으로 구성된 여러 모둠

각 모둠에서 남녀 한 쌍씩 나와 남자는 풍선을 크게 불고 묶어서 풍선꼭지를 입에 물고 있도록 합니다. 여자는 자기 짝이 물고 있는 풍선에 면도거품을 잔뜩 묻힙니다. 이렇게 모든 모둠이 준비가 되면 이번에는 여자들에게 일회용 면도기를 한 개씩 나누어 주고 풍선을 면도하도록 해 보십시오. 터지면 난리가 나므로 조심조심 해야겠지요. 어느 모둠이 가장 말끔하게 풍선을 면도하는지 알아봅시다. 여자의 눈을 가리고 할 수도 있습니다.

놀이의 개념

놀이에 대한 연구는 일찍이 놀이 그 자체를 위한, 그 자체를 목적으로 하는 활동이라고 한 아리스토텔레스Aristotle로부터 시작하여 코메니우스Comenius, 루소Rousseau, 페스탈로치Pestalozzi, 프뢰벨Frobel, 피아제Piaget 등 수없이 많은 학자들이 놀이의 중요성을 강조해 왔습니다. 『인간의 미적 교육』(1759)이라는 저서를 펴낸 쉴러J. C. F. Schiller는 인간은 문자 그대로 인간일 때만 놀고 있으며, 그가 놀고 있을 때에만 참 인간이라고 하였습니다. 호퍼Hoffer는 인류문명의 발달에 중요한 역할을 한 거의 모든 기술들은 언제나 놀이에서 비롯된 것이라고 하였습니다.

하지만 누구보다도 네덜란드의 문화사학자인 호이징가J. Huizinga, 1872-1945를 첫 번째로 꼽아야 할 것입니다. 호이징가는 '놀이란 일정한 시간과 공간의 한계 속에서 자유롭게 동의한 그러나 완전히 구속력이 있는 규칙에 따라 행해지며, 그 자체가 목적이 되며, 긴장과 즐거움의 감정, 아울러 일상생활과 다르다는 의식을 동반하는 자발적인 행위나 활동'(Huizinga, 1993)이라고 정의하였습니다.

그는 문화, 예술, 종교, 경제만이 아니라 정치, 전쟁조차도 놀이로 봄으로써 놀이에 대한 전혀 다른 이해와 지평을 열어놓았습니다. 이처럼 그는 인간의 모든 행동은 놀이이며, 그 자체가 놀이에서 비롯된 것이라고 본 것입니다. 그의 저서 『호모 루덴스Homo Ludens』(1938)는 바로 '놀이하는 인간'을 뜻하는 것으로 인간을 놀이하는 유기체라고 이해했던 것입니다. 놀이를 즐기지 않는, 즐기지 못하는 인간은 이미 인간성을 상실하였다고 본 그는 놀이는 단순한 즐거움이나 소일거리가 아닌 인간의 이성과 밀접하게 결부되어 있으면서도 순수한 이성의 작용과는 별개의 작용을 한다고 하였습니다. 또한 놀이는 합리의 범위로부터 튀어나오는 것으로, 규격화되어 있지 않으며, 무엇보다도 자발성, 자유성과 함께 정신의 긴장과 평형, 질서를 필요로 하는 문화를 생성하고 문화에 선행하는 원동력이라고 보았습니다.

놀이는 허구적인fictive 것으로서 일상생활 밖에서 이루어지는데도 놀이하는 자가 몰입하도록 해주는 자유로운 행위입니다. 인간의 모든 삶과 행동은 그 자체가 놀이이며, 놀이는 어떤 물질적 이익이도 효용도 없는 행위로써, 명확하게 한정된 시간과 공간 속에서 행해지며, 주어진 규칙에 따라 질서정연하게 진행되는데, 평상시의 세계와 무관한 허구의 세계에서 이루어진다고 하였습니다.

호이징가를 높이 평가하면서도 그를 비판적으로 계승하고 있는 학자가 프랑스인 로제 카이와 R. Caillois, 1913-1978입니다. 그는 놀이를 다음과 같이 정의하고 있습니다. '첫째, 놀이는 자유로운 활동이다. 놀이하는 자는 강요당하지 않으며, 강요당하게 되는 경우 유쾌한 즐거움이라는 놀이의 성질을 잃어버린다. 둘째, 놀이는 처음부터 정해진 명확한 공간과 시간의 범위 내에서 한정되어 있는 분리된 활동이다. 셋째, 놀이는 과정이 결정되어 있지 않으며 결과가 미리 확정되어 있지 않은 활동이다. 생각해낼 필요가 있기 때문에 어느 정도의 자유가 놀이하는 자에게 반드시 남겨져 있어야 한다. 넷째, 재화도 부도 어떠한 새로운 요소도 만들어내지 않는 비생산적인 활동이다. 놀이하는 자들 간의 소유권 이동을 제외하면 시작 때와 똑같은 상태에 이른다(이 점은 호이징가의 주장과 상반됩니다). 다섯째, 약속이 따르는 규칙이 있는 활동이다. 이 약속은 일상의 법규를 정지시키고, 일시적으로 새로운 법을 확립하며, 이 법만이 통용된다. 여섯째, 현실생활과 달리 이차적인 현실 또는 명백히 비현실적이라는 특수한 의식을 수반하는 허구적인 활동이다(Caillois, 1994:34)'라고 하였습니다.

이상에서 볼 수 있듯이 이는 놀이 그 자체가 목적이 되는 비생산적인 활동으로써 현실에서 벗어난 허구세계에서 그만이 가진 규칙에 따라 이루어지는 자유, 자율, 창조적인 활동이라는 사실을 공통적으로 밝히고 있습니다.

놀이와 연관된 언어는 레저leisure, 레크리에이션recreation, 플레이play가 있습니다. 이상의 세 가지를 요약하면서 놀이란 무엇이며 이상의 세 가지가 놀이와 어떤 연관이 있는지 알아봅시다.

□ 레저Leisure

레저는 그 어원이 라틴어 licere와 그리스어 scole에서 유래되었다고 합니다. licere는 '허락되다to be permitted', 또는 '자유롭게 되다to be free'라는 뜻으로 외부 압박이 없는 자유로운 선택과 충동을 의미합니다. 그리스어인 schole는 학자들이 모여 토론을 벌이는 장소를 뜻하며, 어떤 의무로부터 해방되어 아무런 구속이 없는 상태를 의미합니다. '스콜레'가 학교school와 학자scholar의 어원이라는 점에서 레저는 자유와 학습, 이 두 가지 개념들이 상호 밀접하게 연관되어 있음을 알게 됩니다.

파이퍼J. Pieper는 '레저는 노동을 위해 존재하지는 않으나 인간이 노동을 할 수 있는 힘을 제공한다. 레저의 핵심이 정신적, 신체적으로 복원하고, 회복하는 데 있는 것은 아니지만… 레저는 명상과 같이 생동감 있는 생활보다 훨씬 더 질서가 있다… 레저는 의식을 고양하고, 노동세계의 영역을 초월하여 초인간에 이르고, 우리가 일상적인 일로 돌아가기 전에 우리를 활력 넘치고 새롭게 하는 실존적 힘을 제공하도록 고양하는 능력이다'라고 정의하였습니다. 그라지아De Grazia는 자유시간이 반드시 레저는 아니라고 했습니다. 즉 누구나 자유시간을 가질 수 있으나, 그렇다고 모든 사람이 레저를 누릴 수는 없다는 것입니다. 이상의 두 학자는 모두 레저가 영적, 정신적 자세, 무행동적 태도, 내적 평온, 고요, 명상, 평온, 그리고 개방성을 내포한다는 점에 대해 동의합니다.

□ 레크리에이션Recreation

레크리에이션이란 용어는 16세기 문예부흥기에 인간 개조의 필요성을 주장하는 인문주의자들이 처음 사용했다고 합니다. 레크리에이션은 라틴어인 recreatio에서 유래했습니다. recreatio 는 '새롭게 하다refresh' 또는 '회복하다restore'를 의미합니다. 전통적으로 레크리에이션은 힘들고, 의무적으로 해야 하는 활동 또는 일을 위해 자신을 회복하는 스스로 선택한 가볍고 평안한 활동 기간으로 여겨져 왔습니다. 이러한 개념은 레크리에이션을 사람이 일에서 벗어나 일을 위해 변화(기분전환, 오락)와 원기회복(재창조)을 가지는 휴식활동이라고 한 그라지아De Grazia가 계승하고 있습니다. 하지만 이러한 개념을 가지고는 많은 사람들이 일보다는 레크리에이션 활동에 열중하고, 은퇴한 노인들이 많은 현대사회를 설명하기가 어렵습니다.

현대사회에서 레크리에이션의 정의는 어떤 상황과 동기에 의해 수행되어지는 활동, 사람이 일련의 기대를 가지고 어떤 종류의 활동에 참여하는 과정 또는 상태로 보는 관점, 사회 제도, 지식 체계, 또는 전문분야로 인식하게 되었습니다.

레크리에이션에 관한 대표적인 정의를 몇 가지 들어보면 다음과 같습니다.

- 레크리에이션은 여가시간과 관련된 활동으로 활동 자체가 주는 만족이 동기가 되는 활동이다.(H. Meyer)
- 레크리에이션은 그 자체 외에 어떤 보상을 기대하거나 또는 직접적인 필요에 의해 강제되지 않는 자유롭고, 유쾌하고, 활동 그 자체가 직접적인 매력을 가진 개인적 또는 집단적인 여가 활동이다.(M. H. Newmeyer)
- 레크리에이션은 활동에 자발적으로 참여하는 개인이 직접적이고 본질적인 만족을 제공하는 사회적으로 가치있는 허용된 레저 경험이다.(J. Hutchinson)

크라우스는 이밖의 여러 정의들이 공통적으로 포함하고 있는 6가지 요소들을 다음과 같이 요약하였습니다. '① 레크리에이션은 단순한 게으름이나 완전한 휴식이 아닌 활동(신체적, 지적, 사회적, 또는 정서적)으로 널리 인식되어 왔다. ② 레크리에이션은 스포츠, 게임, 공작, 행위 예술, 예술, 음악, 드라마, 여행, 취미, 그리고 사회적 활동과 같은 매우 광범위한 영역의 활동들을 포함하고 있다. 그것들은 순간적 또는 지속적으로, 일회적 또는 일생을 통해서 이루어질 수 있다. ③ 활동을 선택하고 참여하는 것은 외부의 압력, 강요, 또는 의무가 아닌 완전히 자발적이다. ④ 레크리에이션은 숨겨진 목적ulterior purpose이나 다른 내적인 목표와 보상이 아닌 내적 동기와 개인적 만족을 얻기 위한 기대에 의해 이루어진다. ⑤ 레크리에이션은 전적으로 마음상태나 태도에 의해 좌우된다. 즉 그것을 하는 이유가 있어서가 아니라 그 활동을 하면서 가지는 개인적인 느낌 때문이다. ⑥ 레크리에이션은 잠재적으로 기대하는 성과가 있다. 참여하는 우선적 동기는 개인적인 즐거움이지만 지적, 신체적, 사회적 성장을 얻게 된다. 이것은 레크리에이션이 자동적으로 바람직하다는 것은 아니다. 그것은 개인에게 위험하고, 바람직하지 않거나 불건전한 활동들을 포함할 수 있다. 하지만 지역사회 레크리에이션에 참여하게 되면 레크리에이션은 건설적인 활동이 될 수 있다(Kraus, 1971:261~262).'

□ 플레이Play

일반적으로 플레이play와 레크리에이션을 동의어로 사용하기도 하지만 이 둘은 차이점이 있습니다. 어원적으로 Play는 앵글로색슨 언어인 plega와 라틴어 plaga에서 유래되었습니다. Plega는 게임, 스포츠를 의미하며 가끔 사소한 논쟁, 싸움 또는 전쟁을 뜻하기도 합니다. 라틴어 plaga는 '불다', '치다', '밀다' 또는 '찌르다'를 의미하는 것으로 도구를 치고, 때리거나 공을 차면서 즐기는 놀이를 의미합니다.

드레버에 의하면 플레이란 '특히 그 자체를 위해 육체적이고 정신적인 행동이다. 또한 그것은 제일의 목적으로서 그 행동 자체가 산출해 내는 기쁨(즐거움)을 각 개체에게 부여하며, 일반적으로는 중대한 목적과 결과로부터 초월해 있는 행동이다'(심리학사전)라고 하였습니다. 여기서 '중대한 목적과 결과'라는 표현은 소위 유희적이 아닌 것을 가리키는 것으로 유희와 구별된 일 work을 의미한다고 하였습니다(정웅섭, 2002 재인용).

듀이J. Dewey는 놀이는 놀이인 것이지 그 이상의 어떤 결과를 위해 의식적으로 가지는 활동이 아니라고 하였으며 귈릭Gulick은 놀이는 우리가 하고 싶어서 하는 것이라고 하였습니다. 미첼Mitchell은 놀이는 자기 자신을 위한 자기표현이라고 하였습니다. 이러한 정의들은 레크리에이션의 전통적인 정의와 밀접히 연관되어 있는 것 같습니다. 레크리에이션과 플레이를 구별하고자 하는 사람들은 레크리에이션은 성인들의 관심인데 반해 플레이는 일반적으로 어린이들에 의해 이루어진다고 제안하였습니다. 이러한 맥락에서 놀이를 이해한 학자들은 카플란Kaplan, 슬라브슨Slavson, 그라지아De Grazia가 있습니다(Kraus, 1971:264).

플레이와 레크리에이션은 모두 일과 연관지어서 검토할 수 있습니다. 레크리에이션은 일 안에서 존재할 수 없는 반면, 플레이(참여정신과 일을 하는 태도에 관하여)는 명백히 많은 사람들에게는 일의 일부분입니다. 즉 놀이 같지 않은 레크리에이션의 형태가 있다는 것입니다. 독서, 음악회를 가는 것, 그리고 여행 중에 플레이를 즐길 수는 있어도 여행 그 자체는 레크리에이션이지 진정한 플레이라고 할 수 없습니다. 예를 들면 야구장에 가서 야구경기를 관람하는 것은 레크리에이션이라고는 할 수 있으나 이를 플레이라고는 볼 수 없습니다. 야구시합을 다른 사람들과 즐기면 그것은 플레이가 되지요. 재미있는 것은 다른 사람들과 하는 운동이나 활동은 놀이라고 하지만, 혼자 하는 운동은 play라고 하지 않는다는 점입니다. 즉 테니스를 한다play tennis 또는 농구를 한다play basketball고 하지만, 수영, 조깅과 같이 혼자 하는 운동을 플레이한다고 하지 않는 점에서 플레이는 레크리에이션보다 공동체성이 강합니다.

이상에서 볼 수 있듯이 레저, 레크리에이션, 플레이는 상호 연관되어 있어서 명확하게 구분하기가 어렵습니다. 크라우스Kraus는 레저, 레크리에이션, 플레이를 함께 종합적으로 묶어 보면서 각각 다음과 같이 정의하였습니다.

"레저는 일을 하지 않거나 일과 관련된 책임 또는 생계를 위한 활동에서 벗어나 임의로 사용할 수 있는 자유시간 또는 의무에서 벗어난 개인적인 시간의 일부이다."

"레크리에이션은 참가자가 여가 안에서 스스로 자발적으로 참여하여 만족감이나 기쁨 또는 그로 인해 얻게 되는 사회적 가치를 위해 가지는 활동들과 경험들이다. 레크리에이션도 레저와 마찬가지로 일을 내포하지 않는다. 레크리에이션이 지역사회단체 또는 자원봉사 프로그램의 일환으로 수행할 경우, 그것은 건설적이고 사회적으로 수용하는 개별 참가자, 집단, 그리고 사회 전체의 목표를 충족시킬 수 있도록 계획한다."

"플레이 역시 즐거움과 자기표현을 목적으로 여가 안에서 이루어지는 활동이다. 플레이는 활동적이고 경쟁, 모험 또는 흉내 내기로 이루어지는 경향이 있다. 성인도 플레이를 하고 어떤 환경에서는 그 일에서 놀이를 발견할 수도 있지만 일반적으로 플레이는 유아들의 활동으로 본다."
(Kraus, 1971:266)

지금까지 레저, 레크리에이션, 플레이에 관해 알아보았는데, 나는 우리나라 토박이말인 놀이가 이상의 세 가지 모두를 포괄하는 상위개념이라고 봅니다. 즉, 놀이의 뜻이 모호해서가 아니라, 그만큼 놀이가 담고 있는 뜻이 광범위하고 의미심장하다는 사실을 대변해 준다고 할 것입니다.

Chapter 4

벌칙 **놀이**

*

놀이하는 자리에서 빠지지 않고 들어가는 것이 벌칙 놀이입니다. 재치 있고 애교 넘치는 벌칙은 받는 사람이나 보는 사람 모두를 즐겁게 만들어줍니다. 하지만 벌칙이 너무 상투적이어서 고작해야 노래를 부르게 하거나 엉덩이로 자기 이름을 쓰게 하는 식입니다. 여기 모임에 참가한 모든 사람이 즐길 수 있는 놀이들을 소개합니다.

가랑이 사이로 잡기

준비물 : 손수건이나 공 **모둠 형태 :** 5~8명으로 구성된 여러 모둠

참가자들은 두 발을 벌린 상태로 바깥쪽을 향해 둥글게 둘러서고 원 가운데에는 손수건 뭉치를 놓아둡니다. 시작이 되면 참가자들은 앞으로 몸을 구부리고 다리 사이로 손을 집어넣어 손수건을 잡도록 하는데 무릎을 굽혀서는 안 됩니다. 이렇게 하다 보면 엉덩이가 서로 부딪혀서 넘어지는 사람들이 여럿 나오게 되지요.

2-045

바나나 빨리 까먹기

준비물 : 바나나 **모둠 형태 :** 전체

네 명을 앞에 세운 다음 바나나를 한 개씩 나누어 주고 눈을 가립니다. 지도
자는 한 손만을 사용해 바나나 껍질을 벗겨서 빨리 먹는 사람이 이기는 놀이
라고 알려줍니다. 눈가리개를 하고 모두 준비를 마치면 지도자는 한 사람을
빼고 나머지 사람들을 제자리로 되돌려 보냅니다. 결국 한 사람만이 남아서
시작 신호가 나는 즉시 허겁지겁 까먹는 모습을 보게 됩니다.

나처럼 해봐요

준비물 : 검은색 접시 2개, 초, 성냥 **모둠 형태 :** 전체

두 개의 작고 검은 색깔의 접시를 준비하는데 한 개는 촛불의 검댕이로 그슬려 놓고, 다른 한 개는 깨끗한 것으로 준비해둡니다. 그리고 두 개의 접시에 물을 약간씩 담아 놓습니다. 지도자는 한 사람을 초청하여 자기가 하는 대로 정확히 따라 하도록 합니다. 먼저 그가 앉으면 그의 눈을 뚫어지게 바라보고 그의 시선을 지도자의 눈으로부터 떼지 못하도록 하면서 얼굴을 찡그리면 거울을 보는 것처럼 따라하도록 합니다. 지도자는 자기 쪽에 놓아둔 깨끗한 접시에 얼굴을 파묻고 문지릅니다. 영문도 모르고 따라하던 그 사람의 얼굴에는 보기 좋게 검댕이가 묻어있겠지요.

2-047

몽둥이 찜질

준비물 : 신문지　**모둠 형태 :** 전체

3~5명을 정하여 앞에 세우고 신문지를 말아서 만든 몽둥이를 하나씩 나누어 준 다음 눈을 가리도록 합니다. 시작 신호가 나면 들고 있던 몽둥이를 가지고 서로 사정없이 때리도록 합니다. 그러고는 한 사람만 빼고 나머지 사람들의 눈가리개를 살짝 벗겨줍니다. 시작이 되면 눈가리개를 한 사람만 맞게 되겠지요.

눈 가리고 베개싸움

준비물 : 베개와 눈가리개(각 2개), 밧줄 **모둠 형태** : 전체

지원한 두 사람을 앞에 세우고 베개를 한 개씩 나누어 줍니다. 두 사람의 다리 한쪽을 밧줄로 묶고, 밧줄의 반대쪽 끝을 말뚝에 붙잡아 맵니다. 눈을 가리고 선전을 다짐하는 악수를 나눈 다음 제자리로 돌아갑니다. 이때 다른 사람이 말뚝에 묶인 밧줄을 경기자들 모르게 슬쩍 짧게 묶습니다. 지도자가 시작을 알리면 영문도 모르는 두 사람은 앞으로 달려가 베개를 허공에 휘두르지만 너무 떨어져 있어서 서로 때릴 수가 없습니다. 이때 지도자는 두 사람 사이를 오가며 다른 베개로 맘껏 때립니다. 이 상황을 한 사람이 실황 중계하는 것도 재미있습니다.

2-049

우주여행

준비물 : 베니어판(가로, 세로 각 1m, 두께 8mm 이상)　**모둠 형태 :** 전체

지도자는 참가자들에게 은하수로 여행을 떠날 사람을 찾는다고 알려주고 한 사람을 초청합니다. 방에는 우주선으로 사용할 가로, 세로 각 1m 정도의 베니어판(두께 8mm 정도)을 준비해 두고 네 사람이 네 귀퉁이를 잡고 서 있습니다. 초청된 사람이 눈가리개를 한 상태에서 네 사람이 들고 있는 베니어판에 올라섭니다. 무릎 정도의 높이로 떠있는 베니어판(우주선)에 눈가리개를 한 사람이 오르면 조심조심 베니어판을 올렸다 내렸다 전후좌우로 돌리다가 "자, 은

86

하수에 도착하였으니 우주선에서 뛰어 내리십시오. 그런데 아직까지 눈가리개를 떼어서는 안 됩니다. 우주선이 땅에서 높이 떨어져 있으므로 내릴 때 조심하셔야 합니다."라고 알려줍니다. 그런데 실은 땅에서 10cm 정도 떨어져 있으므로 눈을 가린 사람이 베니어판 위에서 겁을 먹고 뛰어내리겠지요.

인간 마네킹

준비물 : 손수건 또는 신문지   **모둠 형태** : 5~8명으로 구성된 여러 모둠

손수건(또는 16절지 정도의 접은 신문지)을 바닥에 깔아 둡니다. 그리고 두 사람을 그 위에 세운 다음, 지도자나 다른 사람들은 두 사람이 손수건 위에서 재미있는 동작을 구성하도록 돌아가면서 한 가지씩 주문합니다. 먼저 주문한 내용의 동작을 하고 있는 상태에서 이어지는 다른 주문의 동작을 더해야 하므로 몇 사람이 주문을 연속해서 하고 나면 희한한 모양이 될 것입니다.

물 먹이기

준비물 : 사과, 대야(모둠 수만큼) **모둠 형태 :** 5~8명으로 구성된 여러 모둠

물이 담겨있는 비교적 큰 대야에 사과를 두세 개 집어넣어 둡니다. 이 대야를 책상 위에 두 개 놓은 다음 두 사람을 책상 앞에 세웁니다. 두 사람의 눈을 가리고 누가 먼저 머리를 물 속에 집어넣어서 물에 떠있는 사과를 입으로 물어 올리는지 시합해보겠다고 말해줍니다. 이들이 눈을 가리는 순간에 지도자는 물 속에 들어있는 사과를 살짝 꺼내 감춥니다. 시작이 되면 아무것도 들어있지 않은 물 속에 머리를 박고 사과를 찾아 헤매겠지요.

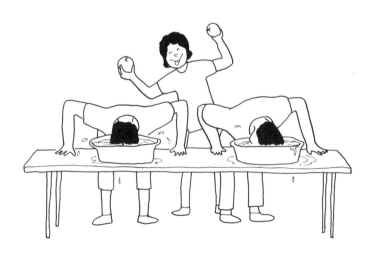

콜라병 따기

준비물 : 콜라   **모둠 형태 :** 5~8명으로 구성된 여러 모둠

누가 콜라를 가장 빨리 마시는지 겨루는 놀이로 시작이 되면 각 모둠에서 한
사람씩 캔콜라가 놓여 있는 테이블로 달려가서 콜라뚜껑을 따서 마십니다. 그
런데 시작하기 직전에 아무도 몰래 신나게 흔들어 놓은 캔을 놓아둔다면….

이마 위의 과자

준비물 : 동그란 과자   **모둠 형태 :** 5~8명으로 구성된 여러 모둠

잡혀 나온 사람들의 이마 위에 과자를 한 개씩 올려놓습니다. 시작이 되면 사
람들은 손을 대지 않고 안면 근육을 움직여서 누가 가장 빨리 이마 위의 과자
를 입까지 옮겨서 먹는지 즐겨봅시다.

솜뭉치 옮기기

준비물 : 솜뭉치(직경 2~3cm)를 가득 담은 그릇, 빈 그릇, 숟가락(모둠 수만큼)
모둠 형태 : 5~8명으로 구성된 여러 모둠

책상 위에 솜뭉치가 담겨 있는 그릇과 빈 그릇, 그리고 숟가락을 1인당 1개씩 준비해둡니다. 각 모둠에서 대표를 한 명씩 뽑고 눈가리개를 합니다. 시작이 되면 숟가락으로 솜뭉치를 떠서 빈 그릇에 옮겨놓도록 합니다. 그런 다음 지도자는 이들이 눈치 채지 못하게 준비해둔 솜뭉치를 살짝 치워두세요. 이렇게 하면 빈 그릇인 줄도 모르고 숟가락으로 열심히 퍼 담는 사람들의 모습이 너무 재미있습니다.

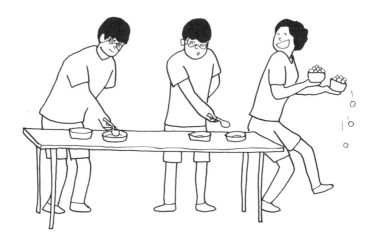

누구지?

준비물 : 종이 몽둥이　**모둠 형태** : 2인 1조

두 사람을 나란히 바닥에 눕도록 하고 비치지 않는 얇은 이불을 뒤집어씌웁니다. 그런 다음 나머지 사람들은 그 주위에 둘러앉습니다. 지도자는 신문지를 말아서 만든 종이 몽둥이를 보여주며, 이것으로 누군가 이불 위를 칠텐데 이때 빨리 이불을 거두고 누가 때렸는지 알아맞혀야 한다고 알려줍니다. 이것도 속임수 놀이인데 두 사람 중 한 사람에게 미리 알려주어서 그가 종이 몽둥이를 갖고 옆에 누워있는 사람을 때리도록 하는 것입니다. 주위에 둘러앉은 사람들이 마치 자기들이 때린 것처럼 흉내 내고 있으면 웬만해서는 맞은 사람은 알아맞히기 어렵겠지요. 알아맞힐 때까지 계속 해 봅시다.

여왕 알현

준비물 : 의자, 종이로 만든 왕관, 망토   **모둠 형태 :** 전체

참가자들 중에서 한 사람이 왕이 되어 무대 중앙에 놓여 있는 의자에 앉습니다. 왕관이나 망토를 준비하여 그럴싸하게 분장하십시오. 그런 다음 자원한 한 사람을 불러내 눈을 가리고 왕의 손가락에 끼워져 있는 반지를 찾아 입을 맞추는 놀이이며, 손을 사용할 수 없다는 사실을 알려줍니다. 이때 왕은 손가락에 낀 반지를 살짝 빼서 발가락에 끼웁니다. 눈을 가린 사람이 반지에 입맞춤을 한 다음 눈가리개를 벗어보도록 하십시오. 그 표정이 과연 어떨까요?

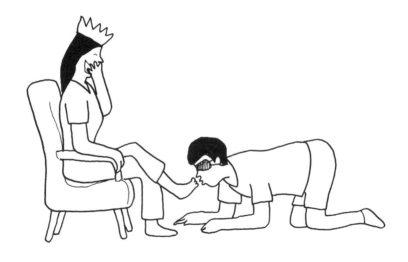

밑 빠진 의자

준비물 : 등받이 없는 의자 2개 **모둠 형태 :** 전체

등받이가 없는 의자 두 개를 의자 한 개가 들어갈 만큼의 간격을 두고 가지런히 놓아둡니다. 그리고 그 두 의자 위에 담요를 덮어 겉으로 보기에는 마치 긴 의자처럼 위장합니다. 참가자들이 들어오면 그들이 두 개의 의자에 앉아 있는 왕과 여왕을 만나는 영광을 누리게 될 것이라고 이야기해 줍니다. 의식이 진행되면 멋진 차림의 왕과 왕비가 나와서 가운데 부분을 비워두고 의자에 앉습니다. 그런 다음 참가자 중 한 사람을 초청하여, 그 사람에게 왕과 왕비 사이에 앉아 사진을 찍는 영광을 누리게 되었다고 알려줍니다. 자리에서 일어나 왕과 왕비에게 나아가서 이들 사이에 앉는 순간 이들이 자리에서 일어나면 동시에 담요가 꺼지면서 그는 마룻바닥으로 넘어질 것입니다. 바닥에 푹신한 깔개나 쿠션을 깔아 두어 허리를 다치는 일이 없도록 주의하십시오.

얼굴에 붙은 종이 떼기

준비물 : 종이, 물컵, 물 **모둠 형태 :** 5~8명으로 구성된 여러 모둠

각 모둠에서 한 사람씩 나오도록 합니다. 각각의 얼굴에 물에 적신 종이를 이마, 양쪽 뺨, 턱 등에 붙이고 시작이 되면 각자 얼굴을 찡그리거나 입으로 바람을 불어서 얼굴에 붙어 있는 종이를 떨어뜨리도록 합니다.

달걀 삼키기

준비물 : 날달걀 **모둠 형태** : 5~8명으로 구성된 여러 모둠

놀이 도중 걸린 두 사람을 앞에 모십니다. 벌칙은 날달걀을 삼키는 것인데, 1m 길이에 직경 2.5cm의 투명한 플라스틱 호스 안에 날달걀 한 개를 깨서 넣어둡니다. 두 사람은 양쪽 끝에 입을 대고 준비한 다음 시작신호가 나면 서로 입김을 불어서 호스 속에 있는 달걀을 밀어내도록 합니다. 달걀은 먼저 숨을 들이 쉬는 사람의 입속으로 쏘옥 들어가게 되어 있습니다. 이 놀이는 누구보다도 숨을 힘차게 내쉴 수 있다고 자신하는 사람들이 나와서 경연을 벌일 수도 있습니다.

■ 놀이지도자는 누구인가

놀이지도자는 인간에 대한 깊은 신뢰와 성숙한 인격을 갖춘 사람으로 놀이 지도의 자질과 기능을 겸비한 인물이어야 합니다. 훌륭한 인격자가 참된 웃음을 소유할 수 있으며 이런 사람이 타인들을 진솔한 웃음과 건전한 즐거움의 세계로 인도할 수 있습니다. 지도자와 참가자들이 공유하게 되는 것은 놀이 프로그램이 아니라 지도자의 사상과 인격에서 우러나오는 자유와 즐거움입니다.

자유와 즐거움은 함께 나눌 수는 있지만 일방적으로 전달할 수는 없습니다. 그러므로 놀이지도자는 참가자들이 스스로 즐기고 느끼고 만날 수 있는 분위기를 조성해 주어야 합니다. 이는 지도자가 참가자 개개인을 소중한 인격체로 인정하고 그들을 만날 때 가능해집니다. 지도자가 참가자들과 어울려서 나누고 함께 하는 동안 자신이 가진 가치관을 즐거움 가운데 공유하게 되는데 이것이 놀이가 가진 매력이요 힘입니다. 참된 놀이터는 모든 사람들이 함께 즐기는 자유와 기쁨의 축제인 것입니다.

지도자는 어떠한 경우에도 참가자들보다 앞서지 않도록 하십시오. 그런 지도자는 참가자들이 스스로 자기의 방법과 개성에 따라 즐기고 경험하며 배울 수 있도록 하는 지혜를 갖출 수 있습니다. 놀이터에는 지도자와 참가자가 따로 없으며 모두 함께 어울려서 느끼고 즐기고 배우는 흥겨운 자리입니다.

놀이지도자가 갖추어야 할 기본자세를 요약하면 다음과 같습니다.

- 지도자는 활동(프로그램)보다는 사람(참가자)을 우선시하고 존중하는데 관심을 두십시오.
- 지도자는 프로그램 목표(참가자의 수, 활동 달성도, 효과성 등)를 성공적으로 완수했는가에 두지말고 참가자들에게 어떤 일이 벌어졌는가, 어떤 성격의 즐거움이었는가에 관심을 기울이십시오.
- 지도자는 참가자 개개인을 이해하고 후원하며, 인간에 대한 깊은 신뢰를 가지고 있어야 합니다. 따라서 놀이판에서 각자 자기의 모습대로 표현하고 나름대로 즐길 수 있도록 허용하며, 그들이 상호 성숙한 인간관계를 발전적으로 만들어 나갈 수 있도록 도와주십시오.
- 지도자는 모둠의 조직과 진행과정에 대한 명확한 판단과 통찰력이 있어야 합니다. 참가자들이 스스로 지도력을 개발해 낼 수 있도록 도와주는 촉진자여야 합니다.
- 개개인은 흥미, 배경, 욕구, 성격, 그리고 행동양태가 각기 다른 인격체라는 사실을 인정하고

수용할 수 있어야 합니다. 따라서 지도자는 참가자들에게서 나타나는 적대감, 위축, 그리고 이와 유사한 행동들에 대해서도 이해하고 수용하는 자세가 필요합니다.

- 지도자는 참가자들의 태도, 기능, 그리고 행동양태를 고려하여 그들이 이해하고 수긍하는 긍정적인 방향으로 이동할 수 있도록 도와줄 준비를 항상 하고 있어야 합니다.

이상 여섯 가지를 종합적으로 생각하여 지도자는 다음의 개인적인 목표를 세워두어야 합니다. 첫째, 참가자들이 새롭고 의미 있는 관심거리, 기술, 그리고 놀이를 올바로 이해할 수 있도록 합니다. 둘째, 참가자들이 사회성 개발, 다른 사람에 대한 이해와 수용, 상호간의 관계형성에 필요한 효과적이고 건설적인 자세를 개발하도록 돕습니다. 셋째, 참가자들이 그들 스스로 계획하고 수행할 수 있도록 돕습니다.

결국 놀이지도자의 역할은 준비, 기획, 진행, 평가과정을 총괄하는 것만으로는 부족합니다. 참가자들이 자신과 이웃에 대해 이해의 폭을 넓히고 관계성을 확장하도록 돕는 도움자helper 또는 촉진자facilitator로서의 인격과 지도력을 갖추고 있어야 합니다. 지도자가 자신의 지도력과 역량을 참가자들에게 기꺼이 이전할 수 있을 만큼 열린 마음을 가지고 있어야 하는 이유가 여기에 있습니다.

숨기·찾기 **놀이**

동물 나라

준비물 : 바인더, 연필, 종이(모둠 수만큼), 그리고 동물(또는 곤충)의 이름을 적은 쪽지들
모둠 형태 : 3~5명으로 구성된 여러 모둠

여러 모둠으로 나누고 각 모둠에게 종이를 끼운 바인더와 연필을 하나씩 나누어 주십시오. 지도자는 사전에 보물찾기를 준비하는 것과 같은 방법으로 보물 쪽지들을 행사 장소에 감춰둡니다. 쪽지에는 숲속에 사는 온갖 동물(또는 곤충)들의 이름이 적혀 있습니다. 같은 동물을 여러 개씩 준비해두어도 무방합니다. 동물의 종류는 현존하는 동물뿐만 아니라 멸종된 동물(공룡 따위)들도 몇 가지 끼워놓으세요. 쪽지에 이름만 적어놓기보다는 동물들의 그림을 예쁘게 그려 놓는 것이 좋습니다. 감추는 방법은 바위 틈, 관목, 넓은 나뭇잎 뒷면, 나뭇가지 틈새와 같이 눈에 잘 띄지 않는 곳에 압정이나 테이프로 붙여둡니다. 시작이 되면 모둠 사람들은 흩어져서 조심조심 돌아다니면서 쪽지를 찾습니다. 이 놀이는 다른 보물찾기와 달리 쪽지를 찾은 사람은 그 쪽지를 집어 들 수 없으며 다만 그 동물의 이름과 장소만 확인해야 합니다. 쪽지를 찾은 사람이 조장에게 달려가서 동물의 이름과 찾은 장소를 알려주면 조장은 이를 종이에 기록하도록 합니다. 이때 이것을 다른 모둠이 눈치 채지 못하도록 해야 합니다. 그러니 은밀하게 소곤소곤 알려주세요. 시간은 20~30분 정도가

적당하며 모든 모둠이 한자리에 모여 어디에 무슨 동물이 있었는지를 확인하고 채점합니다. 지도자는 시작하기 전에 쪽지를 발견한 사람이 그 쪽지를 찾지 못하도록 없애 버리거나 흙이나 낙엽으로 덮어놓는 식의 반칙을 범하지 않도록 알려주십시오.

금괴 캐기

준비물 : 금화(골판지를 직경 5~7cm 정도로 둥글게 잘라서 금박지로 싸서 만든다) 20개
모둠 형태 : 5~10명씩 두 모둠을 구성

두 모둠으로 나누어서 자기 모둠이 숲속에 감춰 놓은 보물을 찾고 동시에 다른 모둠 사람들이 숨겨놓은 보물은 훔치는 놀이입니다. 각 모둠 사람들은 다시 두 조로 나뉘어 각각 두 지역의 놀이구역을 한 구역씩 차지합니다. 따라서 한 구역에는 두 모둠에서 각각 한 조씩 배치되는 것이지요. 지도자는 이들 각 모둠 사람들에게 같은 수(10개)의 금화를 나누어 주고 이를 정해진 구역 내에 숨기도록 하는데, 이때 자기 금화는 숨기면서 다른 모둠 사람들이 어디에 숨기는지를 염탐할 수 있습니다. 따라서 사람들은 정해진 시간(30분) 동안 자기의 보물을 몰래 숨기랴, 다른 모둠이 숨겨놓은 보물의 위치를 염탐하랴 정신이 없습니다. 또한 보물을 숨기는 것으로 끝나지 않고 모둠 사람들 중에서 한두 사람은 숨겨놓은 보물의 위치를 자세히 그린 보물지도도 그려 놓습니다. 이렇게 자기 보물을 모두 감추고 보물지도까지 작성한 다음에는 모둠 사람들이 모두 한 자리에 모여서 자신들이 작성한 보물지도를 서로 교환합니다. 즉, 〈가〉모둠의 1구역에서 보물을 감춘 〈가-1〉조는 자기들이 작성한 보물지도를 2구역의 〈가-2〉조가 보물을 감추면서 그린 보물지도와 맞바꿉니다. 이와

같은 방법으로 〈나-1〉조와 〈나-2〉조도 서로 보물지도를 바꿉니다. 이 자리에서 각 모둠의 사람들은 서로 자기들이 감춘 보물의 위치를 알려줄 뿐만 아니라 보물의 위치를 지도에 표시해 줄 수도 있습니다(제한시간 10분). 그리고 〈가〉, 〈나〉 모둠의 1조들은 2구역으로 가고, 2조 사람들은 1구역으로 이동하여 자기 조 친구들이 감춰놓은 금괴를 찾기 시작합니다. 그뿐만 아니라 다른 모둠의 보물도 찾아야지요. 보물을 찾는 시간은 30분 정도가 적당합니다. 이렇게 정해진 시간 동안 사람들은 자기 모둠이 숨겨놓은 보물도 찾고 다른 모둠 사람들이 숨겨놓은 보물 역시 훔치고 나서 어느 모둠이 더 많은 금화를 찾았는지 겨루는 보물찾기 놀이랍니다.

잠자는 곰 지키기

준비물 : 없음　**모둠 형태 :** 전체

술래 한 사람이 곰이 되어 참가자들이 100을 셀 동안 은밀한 곳을 찾아 숨습니다. 시작이 되면 사람들은 흩어져서 곰을 찾아다니는데 찾은 사람은 다른 사람들에게 이 사실을 알리지 말고 오히려 곰(술래)이 발각되지 않도록 숨는 것을 도와주어야 합니다. 그러므로 술래를 찾은 사람은 곰이 보다 안전한 곳으로 자리를 옮길 수 있도록 도와줄 수도 있습니다. 맨 마지막에 곰을 발견한 사람이나 끝까지 찾지 못한 사람이 술래가 되어 다시 해 봅니다.

놀이하는 지혜

나는 재빠르지 못하고 우둔하고 어리석은 아이였습니다. 그러다 보니 어렸을 때 짝짓기 놀이를 하거나 피구와 같은 놀이를 했을 때 마지막까지 살아남은 기억이 없습니다. 놀이에서 걸리거나 잡히면 늘 운동장 가운데에 쪼그리고 앉아 벌을 서야 했습니다. 나는 그 자리에서 이런 생각을 했었습니다. "나는 왜 항상 놀이를 하면서 이렇게 벌을 서야 하나? 모두 함께 즐길 수는 없을까?" 하고 고민했습니다. 지금 돌이켜 보면 그때 그런 고민을 했기 때문에 벌을 세우지 않는 놀이, 사람들을 속아내지 않는 놀이, 모두 함께 즐길 수 있는 놀이, 경쟁보다는 만남, 사귐, 우정, 협동이 어우러진 놀이를 창조해 낼 수 있었습니다. 참 다행스러운 일입니다.

잡기 · 차기 **놀이**

조약돌을 찾아라

준비물 : 조그만 조약돌 　**모둠 형태** : 전체

참가자들은 둥글게 둘러앉아 두 손을 컵 모양으로 오므린 상태로 있습니다. 술래는 조그만 조약돌을 손에 들고 원 주위를 돌아다니면서 오므리고 있는 사람들의 손에 조약돌을 쥐어주는 척합니다. 사람들도 술래의 손이 자기에게 오면 그의 손을 재빠르게 움켜잡아서 정말 조약돌을 받은 것처럼 시늉을 합니다. 그러다 술래가 진짜로 한 사람의 손에 조약돌을 살짝 떨어뜨리고도 계속 능청을 떨고 다니다가 갑자기 "튀어라!"라고 소리칩니다. 조약돌을 가진 사람은 '튀어라!' 라는 소리가 나자마자, 놀이를 시작하기 전에 원 중앙에 정해놓은 안전지역으로 도망쳐야 하고 다른 사람들은 그가 정해진 안전지역으로 들어가기 전에 그를 잡아야 합니다. 이렇게 하여 조약돌을 쥐고 도망치는 사람을 잡은 사람이 다음 판의 술래가 되고, 안전지역으로 무사히 들어가게 되면 원래의 술래가 다시 하도록 합니다.

빨간 손수건을 피해라

준비물 : 손수건　**모둠 형태** : 전체

운동장 곳곳에 직경 1m 정도 되는 원(쉼터)을 그려 놓습니다. 술래를 정하고 원의 수도 참가자 수의 2/3 정도로 그려놓으십시오. 술래들은 빨간 손수건을 왼쪽 팔목에 잡아매고 다른 사람들은 적당히 흩어집니다. 시작이 되면 술래는 다른 사람을 쫓아가서 잡도록 합니다. 잡힌 사람은 술래가 되어 빨간 손수건을 건네받습니다. 그러다 보면 술래는 계속해서 바뀌게 됩니다. 한편 도망치다가 놀이터에 그려진 원 안으로 들어가면 안전합니다. 술래는 피난처인 원 안에 들어가 있는 사람을 잡을 수 없습니다. 하지만 쉼터에는 반드시 한 번에 한 명밖에 들어가지 못하기 때문에 먼저 들어가 있던 사람은 원을 떠나 도망쳐야 합니다. 원 안에 들어가 있는 사람도 술래가 다가와서 쉼터 앞에 정시한 다음 "무궁화 꽃이 피었습니다."를 세 번 외치면 원에서 나와 도망쳐야 합니다. 이때 도망가지 않고 술래에게 잡힌 사람이 다음 번에 술래가 됩니다.

절름발이 여우

준비물 : 없음 모둠 형태 : 전체

술래 한 사람이 여우가 되어서 서 있으면 나머지 사람들은 안전지대에서 벗어나 조심조심 여우에게로 다가갑니다. 절름발이 여우는 기회를 엿보다가 갑자기 몸을 돌려서 자기에게 다가오는 사람을 잡습니다. 이때 여우는 마구 달려가는 것이 아니라 처음 세 걸음까지는 두 발로 뛸 수 있지만 네 걸음부터는 한 발로 뛰어야 합니다. 절름발이 여우는 도망치는 사람들이 모두 안전지대로 들어가기 전에 최소한 한 명은 잡아야 합니다. 절름발이 여우에게 잡힌 사람이 여우가 되며, 잡지 못하면 다시 해야 합니다.

황새치기

준비물 : 없음 **모둠 형태 :** 전체

황새가 다리 하나로 우아하게 서 있는 모습을 본 사람이 있을 것입니다. 이 놀이는 황새를 흉내 낸 놀이입니다. 술래 한 사람을 뽑은 다음 인원에 따라 가로, 세로 20m 정도의 놀이구역을 정해놓고 시작 신호와 함께 술래는 참가 자를 치기 시작합니다. 어떤 참가자가 술래에게 잡히려는 순간, 우아한 황새 가 됨으로써 위기를 모면할 수 있습니다. 하지만 황새는 한 다리를 들고 있다 가 균형을 잃어서는 안 되며 절대 웃어서도 안 됩니다. 이를 이용하여 술래는

황새를 웃길 수 있는데 다른 참가자들이 천천히 10까지 함께 세어주는 동안에만 이를 시도할 수 있습니다. 다리 하나를 들고 있는 황새를 다른 사람이 치면 도망칠 수 있습니다.

다람쥐

준비물 : 없음　　**모둠 형태 :** 전체

네 명씩 여러 모둠을 만들고 술래 세 사람을 정하여 사냥개 한 마리와 다람쥐 두 마리가 됩니다. 각 모둠에서 세 사람이 서로 손을 잡고 원을 만들어서 속이 텅 빈 통나무가 되고 나머지 한 사람은 다람쥐가 되어서 그 안에 들어갑니다. 시작이 되면 사냥개는 원 안에 들어가 있지 않은 다람쥐 두 마리를 쫓아가서 잡는데 다람쥐는 도망치다가 잡힐 것 같으면 근처의 원(통나무) 안으로 쏙 들어가면 안전합니다. 그러나 원 안에는 다람쥐 한 마리만 있을 수 있기 때문에 그 안에 먼저 들어가 있던 다람쥐는 원을 빠져나와 도망쳐야 합니다. 이렇게 하여 사냥개가 다람쥐를 잡으면 잡힌 다람쥐는 사냥개가 되어 다시 합니다.

큰길과 오솔길

준비물 : 없음　**모둠 형태 :** 전체

술래 두 사람을 정하여 각각 토끼와 여우가 되고 나머지 사람들은 그림과 같이 인간 미로를 만들어 옆 사람과 손을 잡고 정렬한 곳의 반대편에 섭니다. 시작이 되면 여우는 토끼를 잡으러 인간 미로를 따라 뛰어가고 토끼는 도망을 치는데 토끼가 잡힐 것 같으면 지도자는 "큰길"과 "오솔길"을 외쳐서 여우가 토끼를 잡을 수 없도록 도와줍니다. 즉 지도자가 "큰길"이라고 외치면 사람들은 오른쪽 방향으로 몸을 돌려 옆 사람과 손을 잡고, "오솔길" 하고 외치면 사람들은 위쪽 방향으로 몸을 돌려 옆 사람의 손을 잡는 것입니다. 이렇게 하여 여우가 술래를 잡을 때까지 하다가 잡히게 되면 다시 토끼와 여우를 정하여 계속 해 보세요.

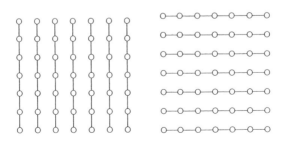

까치와 까마귀 1

준비물 : 없음   모둠 형태 : 10~20명씩 두 모둠을 구성

두 모둠으로 나눈 후 20m 간격을 두고 평행선을 그은 다음 안전선을 각각 하나씩 차지하여 정렬하도록 합니다. 각 모둠의 주장이 나와서 '까치'와 '까마귀' 중 하나씩 정하도록 합니다. 지도자는 두 모둠을 다시 평행선 사이 중앙선에 1m 간격을 두고 마주보고 서도록 합니다. 지도자는 "까까까까 까…"하고 중얼대다가 갑자기 "까치"와 "까마귀" 중 한 가지를 크게 외칩니다. 이때 "까치"라고 외치면 까치모둠 사람들은 까마귀모둠 사람들이 안전선으로 돌아가기 전에 이들을 쫓아가 잡아야 하며, "까마귀"라고 외치면 까마귀들이 까치들을 쫓아가서 잡아야 합니다. 잡힌 사람의 수만큼 점수를 얻게 되며 같은 방법으로 계속합니다. 지도자는 까치와 까마귀를 너무 솔직하게 외치지 말고 "까까까까… 까르르" 한다거나 "까마중", "까꿍", "까까중" 하는 식으로 골탕을 먹일 수 있습니다. 음식에 맛을 내는 양념과 같은 애교지요.

이 놀이는 손으로 쳐서 잡지 않고 물에 듬뿍 적신 스펀지로 상대방의 몸을 칠 수도 있습니다. 스펀지는 손에 들고 있다가 상대방의 몸에 대고 묻혀야지 던지는 것은 반칙입니다. 이렇게 노는 것이 훨씬 더 격렬한데 모두가 엉망진창이 된 얼굴들을 보면서 깊은 정과 동지애를 느낀답니다.

까치와 까마귀 2

준비물 : 없음 **모둠 형태** : 10~20명씩 두 모둠을 구성

이 놀이가 '까치와 까마귀 1(2-069)'과 다른 점은 지도자가 까치와 까마귀를 외치지 않고 앞뒷면 색깔이 다른 색종이를 사용하는 것입니다. 즉, 두 모둠이 각각 종이 양면의 색깔(빨간색, 하얀색) 중에서 한 가지씩을 정한 다음, 시작이 되면 지도자가 중앙에서 종이를 하늘 높이 던지는데 이 종이가 팔락팔락 날다가 결국 땅에 떨어지면서 보이는 면의 색깔 모둠을 상대 모둠이 쫓아가서 잡는 것입니다. 예를 들면 하얀색이 보이면 하얀색 모둠이 빨간색 모둠을 쫓아가서 잡거나 물에 직신 스펀지로 상대방의 몸을 적시는 것이지요. 이 놀이는 안전선은 그대로 두고 지도자를 중심으로 2m 간격으로 좁혀 정렬한 상태에서 진행하는 것이 좋습니다. 색종이 대신 지폐를 사용할 수도 있습니다.

113

새와 물고기

준비물 : 없음 **모둠 형태 :** 10~15명씩 두 모둠을 구성

'까치와 까마귀 1(2-069)'을 다음과 같이 해도 재미있습니다. 한 모둠이 새가 되고 다른 모둠은 물고기가 됩니다. 새 이름(딱따구리, 부엉이, 참새 등)을 외치면 새 모둠 사람들은 물고기 모둠 사람들을 쫓아가고, 물고기 이름(고등어, 새우, 상어, 멸치등)을 외치면 새 모둠 사람들을 쫓아가서 안전선을 통과하기 전에 잡아야 합니다. 예를 들어, 지도자가 "꽁치" 하고 외치면 꽁치는 물고기이므로 물고기들은 새들을 쫓아가서 잡고, 새들은 자기편 안전선으로 도망가야 합니다. 지도자가 물고기나 새가 아닌 지렁이라든가 바퀴벌레 같은 곤충이나 도마뱀 같은 파충류 이름을 외치면 재미있어지지요.

도깨비 방망이

준비물 : 신문지 **모둠 형태** : 전체

둥글게 둘러앉은 다음 원 가운데에 휴지통을 뒤집어 놓고 그 위에 신문지를 둘둘 말아 만든 방망이를 하나 놓아둡니다. 술래 한 사람이 도깨비가 되어서 방망이를 들고 돌아다니다가 아무 사람이나 느닷없이 무릎을 치고 달아납니다. 달아날 때는 반드시 방망이를 휴지통 위에 놓아야 하는데 방망이를 떨어 뜨리면 술래가 다시 해야 합니다. 느닷없이 방망이에 맞은 사람은 즉시 자리에서 일어나 술래를 잡으러 갑니다. 술래를 잡지 못하면 그 사람이 다시 술래 (도깨비)가 되어서 계속합니다.

돌아 돌아

준비물 : 없음 **모둠 형태** : 없음

옆 사람과 손을 잡고 둥글게 앉은 다음 술래 한 사람을 정하여 원 밖에 서 있도록 합니다. 시작이 되면 원 주위를 어슬렁거리고 때로는 마구 뛰다가 갑자기 사람들이 잡고 있는 손목을 손으로 치면 그 두 사람은 즉시 자리에서 일어나 서로 반대방향으로 달려가서 제자리로 돌아와 앉아야 합니다. 이때 술래는 그 자리에 여유 있게 앉을 수 있으므로 빨리 돌아온 한 사람만이 제자리를 차지할 수 있게 되고 나머지 사람은 새 술래가 됩니다. 제자리에 되돌아갈 가능성이 없어 보일 때는 달리던 중에 다른 사람들의 손목을 칠 수도 있지요. 그렇게 되면 한꺼번에 네 사람이 달리게 됩니다.

Chapter 7

여름철 **야외놀이**

가마 이어달리기

준비물 : 비치볼(모둠 수만큼), 신문지　**모둠 형태** : 5~8명으로 구성된 여러 모둠

네 명이 한 모둠이 되어서 신문지의 네 귀퉁이를 하나씩 잡고 모둠별로 출발
지점에 정렬합니다. 신문지 위에는 비치볼을 한 개씩 올려놓습니다. 시작 신
호가 나면 일제히 목적지까지 신문지 위의 비치볼을 운반하고 다시 뒤로 돌
아서서 재주껏 뒤에 섰던 사람이 앞을 향해 돌아와서 다음 네 사람에게 인계
합니다. 자칫하면 신문지가 쉽게 찢어지고, 물에 젖으면 금방 터지므로 조심
해서 다뤄야 합니다. 신문지가 젖어서 못쓰게 되었을 때는 빨리 출발지점으
로 돌아가 새 신문지로 바꿔 놀이를 계속하세요.

118

뗏목 밀기

준비물 : 큰 물통(모둠 수만큼)   **모둠 형태 :** 5~8명으로 구성된 여러 모둠

가벼운 어린이들을 큰 물통에 싣고 한 명씩 밀고 목적지로 돌아오는 이어달리기입니다.

수중 탈출

준비물 : 없음   **모둠 형태 :** 10~15명씩 두 모둠을 구성

두 모둠을 만들고 허리에서 가슴 정도까지 차는 물 속으로 들어갑니다. 한 모둠이 반팔 간격으로 원을 만들고 다른 모둠 사람들은 그 원 안으로 들어갑니다. 시작이 되면 원 안의 사람들은 물 속으로 들어가서 원을 만들고 있는 사람들 사이로 빨리 탈출해야 하는데 한 사람이라도 탈출하게 되면 역할을 바꿔 계속 해 봅시다. 물 속에 들어가 있는 사람을 고의적으로 누르는 행위는 매우 위험하므로 하지 말아야 합니다.

식수 나르기

준비물 : 종이컵(인원수만큼) **모둠 형태 :** 5~8명으로 구성된 여러 모둠

여러 모둠을 만들고 사람들에게 종이컵 한 개씩을 나누어 주어서 입에 물고 있도록 합니다. 첫 번째 사람이 물고 있는 컵에 물을 가득 부어주고 시작이 되면 옆 사람에게 물을 옮겨 붓도록 합니다. 이때 손을 사용해서는 안 되므로 고개를 숙이거나 몸을 낮춰 물을 옮길 수밖에 없습니다. 이렇게 해서 어느 모둠이 가장 빨리 그리고 가장 많은 물을 옮기는지 알아봅시다.

121

2-078

조개잡이

준비물 : 바둑알(참가 인원수의 3~5배 정도)　　**모둠 형태** : 3~5명으로 구성된 여러 모둠

수영장 바닥에 바둑알을 여러 개 뿌려놓습니다. 2~4명씩 모둠을 나눈 다음 시작이 되면 사람들은 잠수하거나 발가락으로 더듬어서 바둑알을 주워 모둠별로 바구니에 모읍니다. 어느 모둠이 바둑알을 가장 많이 줍는지 알아봅시다.

122

물총

준비물 : 물총(1~2개) **모둠 형태 :** 전체

물총을 한 개 준비합니다. 둥글게 둘러앉아 함께 노래 부르면서 물총을 옆 사람에게 계속 전달하는데 지도자가 갑자기 "그만!" 하고 외치면 그 순간 물총을 갖고 있는 사람이 걸리게 되는데 그 벌풀이로 양옆에 있는 사람의 얼굴에 물총을 신나게 쏩니다. 이런 방식으로 계속하게 되는데 물총을 넘기거나 받을 때는 반드시 두 손을 사용하도록 하며 동시에 물총 두 개를 사용할 수도 있습니다.

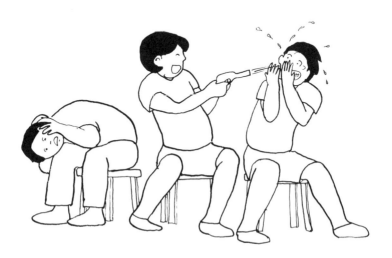

123

수중 킴스 놀이

준비물 : 물 속에 가라앉는 조그만 물건들 20가지　**모둠 형태 :** 3~5명으로 구성된 여러 모둠

물에 가라앉는 물건을 20가지 정도 준비하여 물 속에 넣어둡니다. 시작이 되면 모둠별로 물 속에 들어가 물건의 이름을 확인하여 모둠에게 알려줍니다. 어느 모둠이 물건을 가장 많이 찾는지 겨뤄봅시다.

물풍선 던지기

준비물 : 물풍선(인원수만큼)　**모둠 형태 :** 2인 1조

두 사람이 마주보고, 시작이 되면 한 사람이 물풍선을 상대방에게 던져서 무사히 받으면 한 걸음씩 뒷걸음질하며 계속 주고받습니다. 풍선이 모두 터질 때까지 계속하여 누가 가장 멀리, 안전히 물풍선을 주고받는지 겨뤄봅시다.

거북선

준비물 : 큼직한 양동이 1개씩   **모둠 형태 :** 5~8명으로 구성된 여러 모둠

물 속에서 이어달리기 대형으로 정렬합니다. 시작이 되면 첫 번째 선수부터 커다란 플라스틱 통을 뒤집어쓰고 반환점을 돌아와서 다음 사람에게 연결합니다. 물 위로 플라스틱이 보이면 반칙입니다.

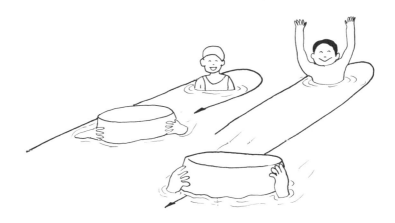

탁구공 던지기

준비물 : 숟가락(인원수만큼), 탁구공(인원수만큼), 바구니(모둠 수만큼)
모둠 형태 : 3~5명으로 구성된 여러 모둠

수영장에 탁구공을 많이 띄워 둡니다. 사람들에게 숟가락을 한 개씩 나누어 준 다음, 시작이 되면 숟가락으로 탁구공을 떠서 바구니에 집어넣어보세요. 쉬운 일이 아니어서 더욱 재미만점이랍니다. 손가락으로 탁구공을 잡아서는 안 되고 오직 숟가락만을 사용하세요. 이 놀이는 개인별로 즐길 수 있고 모둠으로 나누어서도 할 수 있습니다.

물총과 풍선

준비물 : 물총(인원수만큼), 물을 가득 채운 양동이(2개), 풍선
모둠 형태 : 5〜8명씩 구성한 두 모둠

우선 두 모둠으로 나누고 놀이터 양끝에 마주보고 정렬합니다. 모둠별로 큰 물총(자동소총) 두 자루와 물이 담긴 양동이를 한 개씩 나누어 준 다음 양편에서 두 사람이 물총에 물을 가득 장전하고 놀이터 중앙에 섭니다. 그 위에는 3m(초등학생의 경우는 2~2.5m 정도) 높이의 철사줄에 풍선을 걸어 놓습니다(그림 참조). 시작이 되면 물총을 쏘아 철사줄에 달려 있는 풍선을 상대방 쪽으로 옮깁니다. 두 사람이 어떤 전략을 짜는가에 따라 승패가 좌우됩니다. 물총을 들고 있는 사람들은 아무 때나 물총에 물을 채우러 갈 수 있으며 이때 자기 모둠의 다른 사람과 임무교대를 하세요. 상대편 결승점까지 풍선을 옮긴 모둠이 점수를 얻게 되며, 같은 방법으로 계속 해 보세요.

가득 채우세요

준비물 : 1인당 풍선 3개씩, 모둠당 양동이 1개씩
모둠 형태 : 3~5명으로 구성된 4모둠

네 모둠이 사각형 놀이터 귀퉁이를 한 구석씩 차지하고 정렬한 다음, 물풍선을 1인당 3개씩 만들도록 합니다. 각 모둠에서 풍선받이를 두 사람씩 정하고 놀이터 중앙에 있는 직경 3m 정도의 원 안에 양동이를 들고 서 있도록 하면 놀이준비는 끝납니다. 시작이 되면 사람들은 풍선을 던져서 자기편 풍선받이가 들고 있는 양동이에 넣습니다. 모두 마치면 어느 모둠 양동이에 풍선이 가장 많이 들어있는지 알아보십시오. 풍선받이 두 사람은 양동이를 같이 들고 있어야 하며 손으로 풍선을 담거나 땅에 떨어진 풍선을 주워 담아서는 안 됩니다. 다른 편의 풍선을 가로채서 받을 수는 있지만 풍선을 받는 사람들은 원 밖으로 나갈 수 없습니다.

날아다니는 물풍선

준비물 : 풍선　**모둠 형태** : 전체

원대형으로 정렬하고 술래 한 사람이 원 중앙에 물풍선을 들고 서 있습니다.
시작이 되면 술래는 물풍선을 하늘로 던지면서 참가자 중 한 사람의 이름을
부릅니다. 호명된 사람은 재빠르게 달려 들어와서 떨어지는 물풍선을 받아야
하는데 이때 받지 못하면 영락없이 물세례를 받게 되지요. 이 놀이의 매력이
여기에 있습니다. 다행스럽게도 풍선을 받은 사람은 새로이 술래가 되어서
풍선을 던지며 다른 사람의 이름을 부릅니
다. 이런 방식으로 계속하고 서로 이름
을 모르는 경우에는 고유번호를 정하여
번호를 부르면 됩니다.

2-087

얼음과자를 삼켜라

준비물 : 아이스케키(인원수 만큼)
모둠 형태 : 5~8명으로 구성된 여러 모둠

모둠을 나누어서 출발선에 정렬한 다음 아이스케이크를 한 개씩 나누어 줍니다. 시작이 되면 첫 번째 사람부터 아이스케이크를 깨물어서 빨리 먹어야 합니다. 입에 물고 있어서는 안 되며 얼음과자를 모두 삼킨 다음 돌아와서 다음 사람과 교대합니다. 이렇게 하여 어느 모둠이 가장 빨리 마치는지 겨뤄 봅시다. 한동안 뱃속이 얼어붙은 것처럼 시원할 것입니다.

물세례

준비물 : 못을 송송 박아놓은 베니어판을 넣어 둔 세숫대야(모둠 수만큼), 풍선(인원수만큼)
모둠 형태 : 5~8명으로 구성된 여러 모둠

2~4모둠이 이어달리기 대형으로 정렬합니다. 각 모둠에서 한 사람씩 나와서 세숫대야를 머리에 이고 5m 떨어진 곳에 서 있습니다. 양동이 안에는 못을 여러 개 박은 베니어판이 들어있습니다. 시작이 되면 한 사람씩 물풍선을 양동이 안에 던져 넣는데 제대로 들어가면 풍선은 터지게 마련이고 결국 물세례를 받게 됩니다. 이 놀이는 어느 모둠이 양동이 안에 물을 가장 많이 채우는지 겨루는 놀이입니다. 양동이를 머리에 이고 있는 사람은 한 발을 움직여서 날아오는 풍선을 양동이로 받을 수 있습니다.

아이스크림 먹기

준비물 : 아이스크림
모둠 형태 : 5~8명으로 구성된 여러 모둠

자원하는 몇 사람을 앞에 세우고 손을 뒤로 한 다음 누가 컵에 담긴 아이스크림을 빨리 먹는지 겨뤄보는 놀이입니다. 시작이 되면 탁자 위에 놓인 아이스크림 앞으로 달려가서 흘리지 않고 재빠르게 말끔히 핥아먹도록 합니다.

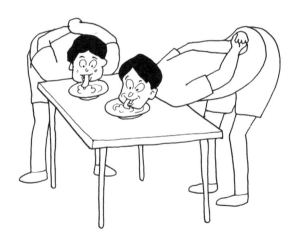

발바닥 위의 세숫대야

준비물 : 세숫대야(모둠 수만큼)　**모둠 형태 :** 5~8명으로 구성된 여러 모둠

모둠별로 전원이 드러누워서 원 중앙을 향해 발을 들어 올린 채 발바닥을 모읍니다. 이런 상태에서 모여진 발바닥 위에 물이 가득 담긴 세숫대야를 올려 놓습니다. 시작이 되면 물이 쏟아지지 않게 협력하면서 전원이 안전하게 신발을 벗도록 하는데 정말 아슬아슬합니다. 어느 모둠이 물을 쏟지 않고 신발을 모두 벗는지 가려보세요. 이 놀이는 여러 모둠이 동시에 즐길 수 있습니다. 지도자는 "신발을 두 개 벗으세요", "한 발을 더 떼세요" 하는 식으로 하여 마지막까지 생존하는 모둠을 가려봅니다.

2-091

바가지 돌리기

준비물 : 바가지, 물을 가득 채운 양동이 **모둠 형태 :** 전체

이 놀이는 수건돌리기와 같습니다. 다만 수건 대신 바가지를 사용하는 것이 다릅니다. 모두 둥글게 앉은 다음 술래가 바가지에 물을 가득 담고 원 밖을 돌아다니다가 갑자기 바가지에 담긴 물을 한 사람의 머리에 쏟아 붓고는 바가지를 버리고 달아납니다. 물세례를 받은 사람은 바가지를 들고 술래를 쫓아가서 잡습니다. 술래는 원을 한 바퀴 돌아서 빈 자리에 앉으면 되고, 술래가 앉기 전에 잡아야 합니다. 잡히면 술래가 다시 하고, 못 잡으면 술래를 바꿔 다시 하면 됩니다.

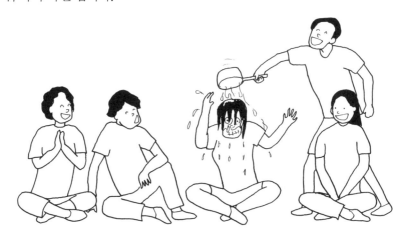

사냥개와 산토끼 경주

준비물 : 물풍선 **모둠 형태** : 10~15명씩 두 모둠을 구성

두 모둠으로 나누어 한 모둠 사람들은 사냥개가 되고 다른 모둠은 산토끼가 됩니다. 산토끼 모둠은 사냥개 모둠 몰래 자신들이 원하는 또 자신들만이 아는 지점에 물풍선을 모둠의 인원수만큼 가져다놓습니다. 물풍선들은 한곳에 모아두지 말고 여러 곳에 분산시켜 놓아두는 것이 좋습니다. 출발선에 산토끼 모둠과 사냥개 모둠이 정렬한 다음 시작되면 두 모둠의 선수들은 각자 흩어져 있는 물풍선을 향해 뛰어갑니다. 산토끼와 사냥개는 최대한 많은 수의 물풍선을 선취하려고 노력하는데, 사냥개는 물풍선의 위치를 모르고 있으므로 대부분의 물풍선은 산토끼가 먼저 갖게 됩니다. 그러나 이때 사냥개가 물풍선을 갖고 있는 산토끼를 치면 산토끼는 물풍선을 사냥개에게 빼앗깁니다. 산토끼들은 물풍선을 가지고 있다가 사냥개가 다가오면 옆에 있는 다른 토끼에게 전달하는데, 물풍선을 가지고 있지 않은 산토끼는 사냥개를 두려워하지 않아도 됩니다. 산토끼들은 되도록 많은 물풍선을 가지고 출발선으로 안전하게 되돌아와야 합니다. 물풍선이 땅에 떨어져서 터지는 경우 그 물풍선은 무효가 되며, 터지지 않고 땅에 떨어진 물풍선은 먼저 줍는 모둠의 소유로 하여 놀이를 진행합니다.

물풍선 먹이기

준비물 : 머리가 들어갈 수 있는 구멍을 뚫어놓은 베니어판　**모둠 형태** : 전체

머리 둘레보다 약간 큰 구멍을 뚫어놓은 베니어판을 세워놓고 한 사람이 구멍에 머리를 내놓고 있습니다. 3~4m 정도 떨어진 곳에서 베니어판 구멍으로 나와 있는 사람 얼굴을 향해 물풍선을 던지도록 합니다. 물풍선이 많이 필요하므로 많이 준비해둘수록 좋습니다. 물풍선 대신 양동이와 스펀지를 준비해놓고 스펀지에 물을 적셔 던지게 할 수도 있습니다.

이마 위의 컵

준비물 : 물컵, 물통(모둠 수민금)   **모둠 형태 :** 5~8명으로 구성된 여러 모둠

각 모둠에서 한 사람씩 나와서 반환점에 드러누운 다음 이마 위에 빈 종이컵을 얹고 한 손으로 붙잡고 있도록 합니다. 시작이 되면 출발선에 서 있는 사람들은 물이 채워진 술잔과 같은 작은 컵을 들고 달려가서 선 채로 이마 위에 놓인 종이컵에 조심스럽게 쏟아 붓습니다.

물동이 맞히기

준비물 : 물컵(모둠 수만큼), 신문지   **모둠 형태** : 10~15명씩 두 모둠을 구성

두 모둠으로 나누고 모둠 진영 사이에 선을 긋습니다. 두 모둠은 각자 왕을 한 명씩 뽑은 다음 종이컵에 물을 담아서 왕의 머리 위에 올려놓으세요. 왕을 제외한 나머지 사람들은 2~3분 동안 신문지를 뭉쳐서 종이 폭탄을 많이 만듭니다. 왕은 자기 모둠 구역 내에 그려놓은 지름 1m의 원을 벗어나지 못하며, 그 원 안에는 왕 외에는 아무도 들어갈 수 없습니다. 시작이 되면 사람들은 서로 종이 폭탄을 던져 상대 모둠 왕의 머리 위에 있는 컵을 맞히도록 합니다. 폭탄을 던질 때 중앙선을 넘어서는 안 되며 상대편에서 날아온 폭탄을 주워서 던질 수는 있습니다. 머리 위에 있는 물컵이 폭탄에 맞으면 왕은 온통 물을 뒤집어쓰게 됩니다. 어느 모둠이 더 많이 맞히는지 겨뤄봅시다.

물풍선과 양동이

준비물 : 물풍선, 양동이 2개   **모둠 형태** : 10~15명씩 두 모둠을 구성

참가자들을 두 모둠으로 나누고 모둠당 풍선을 50개씩 나누어 주세요. 5~10분 정도 시간을 주고 모둠별로 물풍선을 많이 만들어 놓도록 합니다. 일정시간이 지나면 더 이상 풍선에 물을 담지 못합니다. 각 모둠의 모든 참가자들은 물풍선을 자기 모둠의 풍선 놓는 곳에 갖다 놓습니다. 그리고 모둠별로 두꺼운 종이로 만든 과일 상자 조각(양동이 바닥과 같은 크기)에 압정이나 바늘을 꽂아서 양동이 안에 넣어 둡니다. 준비가 끝나면 양 모둠 사람들은 중앙선에 모여서서 인사를 나누고 시작이 되면 자기편 물풍선을 가져다가 상대 모둠 양동이에 던져 넣어서 물이 많이 차게 해야 합니다. 놀이 규칙은 다음과 같습니다.

- 물풍선을 들고 있다가 상대편에게 치이게 되면 물풍선을 빼앗깁니다. 이때 물풍선을 빼앗은 사람은 이 물풍선을 가지고 상대편 양동이를 공략할 수 있습니다.

- 안전지역(10군데, 한 군데의 크기 : 1m×1m)에 물풍선을 들고 들어가 있는 사람은 풍선을 빼앗기지 않습니다. 그런데 하나의 안전구역에 두 명까지 동시에 들어갈 수 있지만, 같은 모둠끼리는 들어갈 수 없습니다.

- 안전구역에 들어가 있던 모든 사람들은 자기편 선수의 활동상을 유심히 살펴다가 자기편의 물풍선이 상대편 양동이에 골인되어 심판의 호루라기가 울리면 그 즉시 안전지역 밖으로 나가 공격 또는 수비를 하거나, 다른 안전지역으로 옮겨가야 합니다. 만약 호루라기가 울린 다음에도 그 전에 있던 안전지역 안에 그대로 머무르고 있는 참가자를 상대편 선수가 치면, 그 사람의 물풍선은 자신을 친 사람에게 **빼앗기게** 되며, 안전지역에서도 쫓겨나게 됩니다.

- 같은 편끼리는 물풍선을 던져서 토스할 수 있습니다. 단, 토스를 하다가 땅에 떨어뜨리면 먼저 줍는 모둠의 소유가 됩니다. 또 주변에 상대편 선수가 많아 물풍선을 주워도 자기소유로 하기가 어려울 때가 있는데, 이때는 땅에 떨어진 풍선을 터트릴 수도 있습니다. 단, 발을 사용하지 말고 손으로 터트려야 합니다.

- 양동이가 놓여진 곳에 그어져 있는 외곽선은 양 모둠 선수 모두 침범할 수 없습니다. 만일 공격수가 이 선을 침범하면 풍선을 상대에게 **빼앗기고** 2분간 장외로 나와 있어야 하며, 수비수가 침범을 하면 3분간 장외로 나와 있어야 합니다.

- 심판은 참가자들이 규칙을 지킬 수 있도록 도와주는 역할을 합니다. 양동이에 풍선이 골인되면 호루라기를 불어서 모두에게 알려 줍니다. 양동이 주위에 그려져 있는 외곽선을 밟고 수비, 혹은 공격을 하는 사람이 없는지 살펴 발견하는 즉시 2분 또는 3분간의 퇴장과 입장을 지시합니다. 안전지역에 들어가 있는 사람의 행동을 유심히 살펴 반칙여부를 가려냅니다.

이 놀이는 일정시간(10분 정도, 인원수나 물풍선 개수에 따라 시간을 조정한다)을 정해 놓고 진행되는데, 시간이 끝나기 전에 양 모둠의 풍선이 모두 터져버리면 마칠 수 있습니다. 정해진 시간이 다 되기도 전에 각 모둠에서 준비해 놓은 풍선이 모두 터져버린 경우도 마찬가지입니다. 물풍선의 크기는 제한이 없습니다. 즉, 풍선 수만 같을 뿐 작전에 따라 물풍선의 크기를 다양하게 만들 수 있습니다. 수도꼭지가 한 개밖에 없거나, 놀이장소에서 멀리 떨어진 곳에 있는 경우에는 양 모둠이 협조해서 미리 똑같은 크기와 같은 수만큼의 풍선을 준비하도록 합시다.

물고문

준비물 : 물컵, 주전자(모둠 수만큼) **모둠 형태** : 5~8명으로 구성된 여러 모둠

각 모둠에서 한 사람씩 나와 반환점에 누운 다음 이마 위에 종이컵을 올려놓습니다. 그리고 각각 첫 번째 사람에게 물이 들어 있는 주전자를 하나씩 나누어 줍니다. 시작이 되면 사람들은 눈가리개를 한 채로 반환점에 누워있는 자기편 사람에게 다가가서 이마 위에 놓인 컵에다가 주전자의 물을 부어 채운 다음 출발선으로 돌아와 다음 사람과 교대합니다. 반환점에 누워있는 사람은 움직일 수는 없지만 말로 설명해 물컵의 위치를 알려줄 수 있습니다.

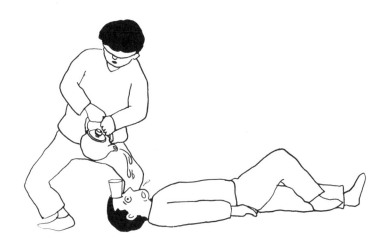

장님 사냥꾼

준비물 : 눈가리개, 물총, 앙동이(모둠 수만큼) **모둠 형태** : 5~8명씩 두 모둠을 구성

두 모둠은 방 양편으로 갈라섭니다. 각 모둠에서 술래 한 사람씩 나와 눈가리개를 합니다. 그런 다음 방 중앙에 물을 가득 채운 물총을 두 개 놓아둡니다. 지도자는 술래들이 그 자리에서 다섯 바퀴 돌도록 한 다음 물총을 빨리 찾아 집어 들고 상대방을 쏘도록 합니다. 이때 사람들은 자기편 술래가 물총을 쉽게 찾을 수 있도록 물총의 위치를 말로 알려줄 수 있습니다. 지도자는 물총을 살짝 다른 곳으로 옮겨 놓아서 골탕 먹일 수도 있으며 물총을 적당히 떼어 놓는 것도 좋습니다. 물총을 먼저 찾은 술래가 물총으로 상대방을 쏘아서 맞히면 1점을 얻게 됩니다.

겨울철 **야외놀이**

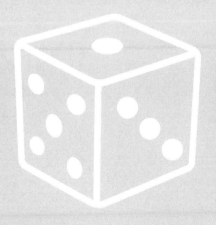

눈송이 굴리기

준비물 : 없음　**모둠 형태 :** 2~3명으로 구성된 여러 모둠

세상이 온통 하얀 눈으로 덮인 날은 무슨 특별한 놀이가 따로 필요 없습니다. 두세 사람씩 조를 이루고 조별로 머리만 한 크기의 눈덩이를 만들어 보세요. 조별로 출발선에 정렬하고 시작 신호와 함께 지정된 골인 장소를 향해 눈을 굴리며 몰고 갑니다. 눈덩이가 점점 더 커질수록 밀기가 힘들어지지만 그만큼 신나는 일이지요. 어느 모둠이 눈덩이를 가장 크게 만드는지 겨뤄봅시다. 만들어진 눈덩이로 눈사람을 만들어 봅시다.

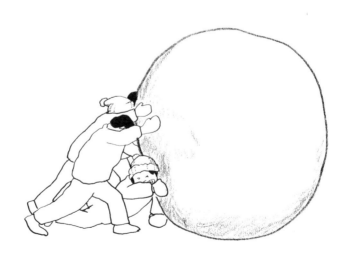

삽을 이용한 썰매

준비물 : 삽(모둠 수만큼)　**모둠 형태** : 전체

얼음판 위에서 즐길 수 있는 놀이입니다. 두 사람씩 짝을 이루고 삽을 하나씩 나누어 줍니다. 한 사람이 삽의 손잡이를 잡고 다른 사람은 삽을 깔고 앉습니다. 시작이 되면 손잡이를 잡은 사람이 삽에 걸터앉은 사람을 끌고 반환점을 돌아와서는 역할을 바꾸어 반복합니다. 이 놀이는 모둠별로 겨루기를 해도 좋습니다.

2-101

여우와 거위

준비물 : 없음　**모둠 형태 :** 전체

아무도 밟지 않은 눈 덮인 지역에 일정한 크기의 원을 그립니다. 여우를 한 명 정하고 나머지는 모두 거위가 되어서 원 안으로 들어갑니다. 여우는 원에 상관없이 마음대로 돌아다니면서 거위를 원 밖으로 끌어냅니다. 원 밖으로 쫓겨난 거위는 여우가 되어서 나머지 거위들을 몰아냅니다. 원 중앙에 작은 원으로 그려진 거위의 보금자리에는 두 마리의 거위가 들어갈 수 있는데 그곳에는 여우가 들어갈 수 없고 다만 원 밖에서 끌어낼 수는 있습니다.

눈사람 모자

준비물 : 모자 1개(또는 모둠당 모자 1개씩) **모둠 형태 :** 전체

아이들에게 눈사람을 만들도록 한 다음, 완성된 눈사람에 모자를 씌우고 10m 정도 떨어진 곳에서 눈덩이를 만들어 모자를 맞혀보세요. 한 사람이 6번 정도의 기회를 주어서 누가 가장 먼저, 많이 맞히는지 알아봅시다.

2-103

모자 벗기기

준비물 : 털모자와 목도리(인원수만큼)   **모둠 형태** : 전체

참가자들은 모두 털모자를 쓰고 목도리를 한 개씩 준비합니다. 목도리가 없는 사람들은 스타킹에 헝겊조각을 넣어서 만들어 사용하세요. 시작이 되면 목도리를 휘둘러서 다른 사람들의 모자를 벗겨내도록 합니다. 물론 손으로 모자를 잡고 있는 것은 반칙이지요. 최후의 승리자가 누구인지 알아봅시다.

튜브썰매

준비물 : 타이어 튜브   **모둠 형태 :** 전체

이너 튜빙inner tubing이라고 하는 이 놀이는 미국 어린이뿐만 아니라 남녀노소 모두가 즐기는 겨울놀이랍니다. 타이어 튜브에 몸을 싣고 눈 내린 언덕을 내려오는 시원한 기분은 참 별나지요. 튜빙은 봅슬레이만큼 속력이 빠르기 때문에 눈썰매와는 달리 개활지에서보다는 움푹하게 골을 만들어 골을 따라 미끄러져 내려오는 것이 안전하답니다. 튜브를 타는 방법도 타이어 구멍 안에 엉덩이를 넣고 누운 상태로 미끄러져 내려오는 방법과, 머리를 앞쪽으로 하

고 엎드려서 타는 방법이 있는데 엎드려서 타는 것이 훨씬 박진감 넘치지요. 단, 속도가 빠른 만큼 위험하므로 안전에 주의하세요. 사람끼리 서로 부딪힐 때가 가장 위험하므로 출발지점에서 시간 간격을 두어 한 사람씩 타고 내려오도록 지도하는 것이 중요합니다. 이 놀이는 튜브를 탄 여러 사람들이 기차 놀이를 하듯이 서로 연결하여 즐길 수 있습니다. 자녀들이 엄마와 아빠 등에 올라타고 즐길 수도 있답니다.

2-105

빗자루 빙구

준비물 : 대빗자루(인원수만큼), 퍽(직경 10cm, 두께 3cm 정도), 골대(폭 2m, 높이 1m 정도) 2개
모둠 형태 : 5~10명으로 두 모둠을 구성

'빗자루 빙구'는 스틱 대신에 대빗자루를 가지고 얼음판에서 하는 아이스하키 놀이입니다. 브룸볼broom ball이라고 하는 이 놀이는 캐나다나 북유럽 같은 추운 나라 사람들이 즐기고 있습니다. '빗자루 빙구'는 스케이트가 아닌 신발을 신고 얼음판 위를 뛰어다니면서 하게 됩니다. 그러다 보니 미끄러지고 부딪히고 넘어지는 것이 다반사지요. 위험이 따르는 놀이이므로 두꺼운 털모자와 장갑을 꼭 끼고 하세요. 놀이규칙은 아이스하키를 참고하세요.

이어달리기
야외놀이

장애물 통과

준비물 : 사다리, 헌 타이어, 쌀포대, 커다란 종이상자, 그물, 훌라후프 등(모둠 수만큼)
모둠 형태 : 5~8명으로 구성된 여러 모둠

놀이터 주변에서 얻을 수 있는 온갖 물건들과 지형지물을 이용하는 장애물 경주입니다. 장애물로는 나무, 사다리, 헌 타이어, 쌀포대, 커다란 종이상자, 그물, 바위, 건물 등 온갖 것들을 사용할 수 있으며 다양할수록 좋습니다. 같은 인원의 모둠으로 나누어서 이어달리기 대형으로 선 다음 시작이 되면 장애물들을 차례대로 통과하여 돌아와서는 다음 사람과 교대합니다. 예를 들면 나무에 한 손을 대고 다섯 바퀴 돈 다음, 나무기둥에 매달려서 매미 울음소리를 10회 냅니다.

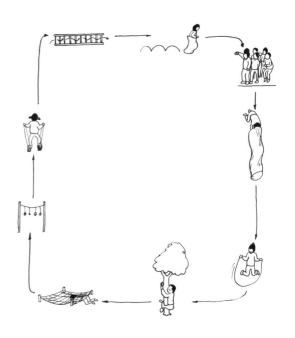

그리고 타이어를 빠져나와 쌀포대에 들어가서 깡충깡충 뛰어 목적지까지 간 다음에는 그 자리에서 줄넘기를 20회 하는 식으로 계속하다가 다른 사람과 교대합니다.

장애물 경주

준비물 : 비닐 통로, 그물(4×4m), 커다란 포대자루, 종이상자 등
모둠 형태 : 10~20명씩 두 모둠을 구성

두 모둠으로 나누어서 이어달리기 대형으로 정렬하십시오. 장애물은 직경 1.5m 정도의 두꺼운 비닐 통로, 올이 두터운 그물(4×4m), 의자와 풍선을 담은 바구니, 커다란 자루 등 대여섯 가지의 준비물을 사용합니다. 시작이 되면 첫 번째 주자들은 장애물을 모두 통과하여 반환점을 돌아 출발선으로 돌아와서는 다음 사람과 교대합니다.

2-108

뒤집어쓰기

준비물 : 자루(4~6개)
모둠 형태 : 5~8명으로 구성된 여러 모둠

두 모둠으로 나눈 후 10m 간격을 두고 마주보고 섭니다. 시작이 되면 각 모둠에서 첫 번째 사람이 커다란 자루가 놓여있는 중간 지점으로 달려가서 자루를 뒤집어쓰고 벗기를 세 번 하고 자기 모둠으로 돌아와 다음 사람과 교대합니다. 이 놀이는 여러 모둠이 동시에 할 수 있으며, 두 모둠인 경우에는 자루 3개, 세 모둠이면 4개, 네 모둠이면 5개를 중앙지점에 놓아두십시오.

지네 행렬

준비물 : 없음　**모둠 형태 :** 5~8명으로 구성된 여러 모둠

모든 모둠은 이어달리기 대형으로 서고 두 손과 발을 모두 땅에 대고 앉은 상태에서 양손으로 앞사람의 발꿈치를 잡으면 영락없는 지네 모양이 됩니다. 시작이 되면 이런 상태에서 반환점을 돌아옵니다. 앞으로 나아가면서 한 사람도 떨어지지 않도록 하십시오. 이 놀이는 두 사람 또는 3~5명이 함께 할 수 있으며 잔디밭에서 하는 것이 안전합니다.

157

막대기 균형 잡기

준비물 : 막대기(길이 1m, 모둠 수만큼) **모둠 형태 :** 5~8명으로 구성된 여러 모둠

길이 1m 정도 되는 나무막대기를 모둠 수만큼 준비하여 모둠당 한 개씩 나누어 줍니다. 각 모둠의 절반은 출발선에 서고, 나머지 절반은 반대쪽에 섭니다. 시작이 되면 첫 번째 주자들은 막대기를 손바닥 위에 세워 놓고 쓰러지지 않도록 균형을 잡은 상태에서 반대쪽까지 뛰어갑니다. 반대쪽에 서 있는 자기편 사람은 그 막대기를 받아서 다시 출발선으로 뛰어 오는 식으로 계속하여 어느 모둠이 가장 먼저 마치는지 겨뤄봅시다. 손바닥을 편 상태에서 막대기를 세워야지 손으로 잡아서는 안 됩니다. 막대기가 쓰러지거나 땅에 떨어지면 그 자리에서 다시 시작하십시오.

움직이는 빗자루

준비물 : 모둠당 고리 5~6개와 대빗자루   **모둠 형태** : 5~8명으로 구성된 여러 모둠

둘씩 짝을 짓고 3~4m 정도 떨어져서 서로 마주 보고 섭니다. 한 사람에게는 손잡이가 긴 대빗자루를, 다른 사람에게는 두꺼운 밧줄로 만든 고리를 5, 6개 씩 나누어 줍니다. 빗자루를 들고 있는 사람은 빗자루를 땅에 대고 다리와 다리 사이에 끼운 상태에서 자루 부분을 잡고 있도록 합니다. 시작이 되면 고리를 가지고 있는 짝이 고리를 던져서 대빗자루 끝에다가 꿰는데 이때 빗자루를 들고 있는 사람은 빗자루를 땅에서 뗄 수 없으나 손잡이를 전후좌우로 움직여서 고리 꿰는 것을 도울 수 있습니다.

감자 골프

준비물 : 감자, 막대기(모둠 수만큼)   **모둠 형태 :** 5~8명으로 구성된 여러 모둠

지도자는 출발선에서 6m 정도 떨어져 있는 곳에 선(사격선)을 긋고 그 선에서 1m 떨어진 곳에 동그란 과녁을 두 개 그립니다. 과녁의 점수는 맨 안쪽의 가장 작은 원이 15점, 그 다음이 10점, 세 번째 원이 5점입니다. 두 모둠으로 나누고 출발선에 정렬합니다. 출발선에는 끝이 휘어져 있는 막대기와 감자를 한 개씩 놓아둡니다. 시작이 되면 첫 번째 주자는 막대기로 감자를 사격선까지 몰고 가서 과녁을 향해 칩니다. 감자는 동그랗지가 않기 때문에 과녁에 집어넣는 것이 쉽지 않습니다. 감자가 들어간 위치에 따라 점수가 정해지며 지도자는 이를 기록해둡니다. 사격선에서 감자를 친 다음에 주자는 신속하게 감자와 막대기를 들고 출발선으로 돌아와 다음 사람과 교대하십시오. 이 놀이는 골프와는 달리 많은 점수를 얻는 것이 좋지요.

빨래들의 대행진

준비물 : 일상 소지품, 입고 있는 옷가지 등　**모둠 형태 :** 5~8명으로 구성된 여러 모둠

모둠별로 출발선에 정렬합니다. 지도자는 갑자기 "여러분의 주머니에 들어 있는 물건, 입고 있는 옷, 신발과 같이 가지고 있는 모든 것들을 활용해 가장 긴 줄을 만들어 보세요. 묶지 않아도 되고 물건의 끝과 끝만 닿게 땅바닥에 놓으면 됩니다. 자, 그럼 시작하세요!" 하고 말합니다. 사람들은 맨 처음에는 윗옷, 양말, 신발끈 정도만 하다가 나중에는 무엇이 나오게 될지 모를 정도로 기발하고 엉뚱한 물건들을 활용하게 되지요.

2-114

개구리 행진곡

준비물 : 없음　**모둠 형태 :** 5~8명으로 구성된 여러 모둠

모둠별로 이어달리기 대형으로 섭니다. 시작이 되면 각 모둠의 첫 번째 사람은 2m 앞으로 달려가서 양손을 무릎에 대고 몸을 구부립니다. 두 번째 사람은 첫 번째 사람에게 뛰어가서 등을 두 손으로 짚고 넘어간 다음 2m를 전진하여 다시 몸을 구부립니다. 세 번째 사람은 두 번째 사람이 완전히 넘어가서 몸을 구부리면 출발선에서 뛰어가 첫 번째와 두 번째 사람의 등을 연속으로 뛰어 넘어 다시 2m 앞으로 나아갑니다. 이렇게 하여 어느 모둠이 마지막 사람까지 먼저 넘는지 겨뤄봅시다.

죄인 후송

준비물 : 없음   **모둠 형태 :** 6~9명으로 구성된 여러 모둠

세 명이 조를 이루어 반환점을 돌아오는 이어달리기입니다. 세 명 중에서 가운데 사람이 반대 방향으로 서서 팔짱을 끼고 출발선에 정렬합니다. 시작이 되면 반환점을 돌아서 오는데 돌아올 때는 가운데 사람만 앞을 보고 양쪽 사람들은 뒷걸음질하여 돌아와서는 다음 조와 교대합니다.

2-116

다람쥐 쳇바퀴

준비물 : 같은 크기의 커다란 종이상자 여러 개   **모둠 형태 :** 5~8명으로 구성된 여러 모둠

대형 종이상자를 이용하여 다람쥐가 쳇바퀴를 굴리듯이 그 안에 들어가 종이 상자를 굴려서 반환점을 돌아오는 놀이입니다. 돌아올 때는 반대방향으로 종이상자를 굴려서 돌아옵니다. 놀이를 시작하기 전에 종이상자의 크기에 따라 무릎을 꿇고 굴리거나, 허리를 굽힌 채로 서서 굴리거나, 두 명이 들어가서 같이 굴리는 등의 방법을 정해 놓습니다. 종이상자는 찢어지기 쉽고, 스템플러 못에 찔릴 수도 있으므로 외부를 테이프로 감싸두고 여분으로 몇 개 더 준비하십시오.

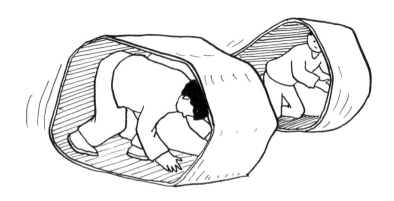

풍성한 가슴

준비물 : 풍선(모둠별로 5개 이상)   **모둠 형태 :** 짝수 인원으로 구성된 여러 모둠

짝수 인원(6, 8, 10명씩)으로 2~4모둠을 만든 후 2열 종대로 출발선에 섭니다. 각 모둠에게 풍선을 5개씩 나누어 준 다음, 시작이 되면 각 모둠에서 두 사람씩 나와 서로 마주보고 가슴에 5개의 풍선을 부둥켜안은 상태에서 조심조심 걸어서 반환점을 돌아와야 합니다. 풍선을 떨어뜨리게 되면 그 자리에 서서 풍선을 다시 수습한 후에 걷도록 합니다. 풍선 5개를 동시에 나르기 어려우면 나눠서 할 수도 있으며, 풍선 5개를 모두 출발선으로 나르면 다음 사람들에게 이어줍니다. 이렇게 하여 어느 모둠이 가장 먼저 돌아오는지 겨뤄봅시다.

럭비공 굴리기

준비물 : 럭비공과 막대기(모둠 수만큼) **모둠 형태 :** 5~8명으로 구성된 여러 모둠

모둠별로 럭비공과 막대기를 한 개씩 나누어 주고 이어달리기 대형으로 정렬합니다. 시작이 되면 각 모둠에서 첫 번째 사람이 나와서 막대기로 럭비공을 굴려 반환점을 돌아옵니다. 발로 럭비공을 차서는 안 됩니다. 어느 모둠이 가장 먼저 마치는지 겨뤄봅시다.

물 나르는 처녀

준비물 : 물컵과 풍선(모둠 수만큼)   **모둠 형태** : 5~8명으로 구성된 여러 모둠

각 모둠의 첫 번째 사람들에게 물이 들어 있는 종이컵 한 개와 풍선을 나누어 줍니다. 시작이 되면 머리에 물컵을 이고 가랑이에는 풍선을 끼운 상태에서 조심조심 반환점을 돌아오는 것입니다. 물컵을 떨어뜨린 경우에는 즉시 그 자리에 서고 자기 모둠 사람이 달려가서 물컵에 다시 물을 채워 머리에 얹은 다음 시작합니다.

깡충깡충

준비물 : 포대자루(모둠 수만큼)   **모둠 형태 :** 5~8명으로 구성된 여러 모둠

커다란 자루를 모둠 수만큼 준비하여 출발선에 놓아두고 모둠별로 출발선에 정렬합니다. 시작이 되면 그림처럼 각 열 첫 번째 사람부터 시작하여 마지막 사람까지 반환점을 돌아옵니다.

빙글빙글

준비물 : 야구방망이 또는 막대기(길이 1m, 모둠 수만큼)
모둠 형태 : 5~8명으로 구성된 여러 모둠

각 모둠에서 한 사람씩 반환점으로 달려가 놓여있는 야구방망이 한쪽 끝에 이마를 대고 다른 한쪽 끝은 땅에 댄 상태에서 10바퀴를 빙글빙글 돕니다. 그런 다음 조심해서 출발선까지 달려와 다음 사람과 교대합니다. 그렇게 돌다 보면 평형감각을 잃어 쓰러지기 일쑤이므로 시작하기 전에 놀이터를 말끔히 정리해두도록 하십시오. 이 놀이는 모래사장이나 잔디밭에서 하는 것이 가장 좋습니다.

169

외발 달리기

준비물 : 없음 **모둠 형태 :** 5~8명으로 구성된 여러 모둠

각 모둠의 첫 번째 사람들은 오른손으로 오른쪽 발목을 잡고 반환점을 돌아와 다음 사람과 교대합니다. 넘어지거나 잡고 있던 발목을 놓친 경우에는 그 자리에 서서 다시 발목을 잡고 뛰면 됩니다.

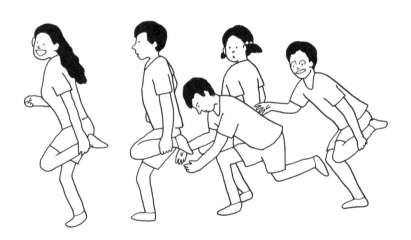

170

꼬마 기차

준비물 : 모둠 수만큼의 길이가 2m 되는 막대기
모둠 형태 : 5~8명으로 구성된 여러 모둠

모둠별로 막대기를 가랑이 사이에 넣은 상태에서 출발선에 정렬합니다. 시작이 되면 한 모둠씩 교대로 반환점을 돌아 출발선까지 돌아오는 시간을 재거나 모든 모둠이 같이 뛰어서 누가 빨리 달리는지 가려봅시다.

171

2-124

세발자전거

준비물 : 세발자전거(모둠 수만큼)   **모둠 형태 :** 5~8명으로 구성된 여러 모둠

모둠 수만큼 유아용 장난감 차 또는 세발자전거를 준비하여 출발선에 정렬합니다. 어린 시절로 돌아가 왕년에 한가닥 했던 실력을 겨뤄봅시다.

캥거루

준비물 : 없음　**모둠 형태 :** 5~8명으로 구성된 여러 모둠

그림과 같이 한 사람이 땅에 손을 대고 엎드립니다. 그런 다음 다른 한 사람이 엎드린 사람의 다리 사이에 반대방향으로 들어가서 두 손은 다른 사람의 종아리를 잡고 두 발로 옆구리를 감싼 상태에서 반환점을 돌아옵니다.

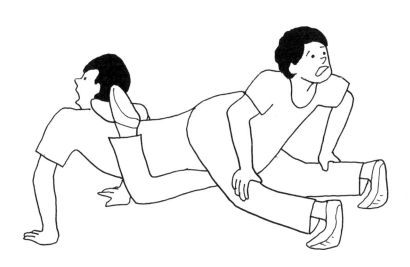

징검다리

준비물 : 헌 잡지 또는 신문지   **모둠 형태** : 5~8명으로 구성된 여러 모둠

각 모둠의 첫 번째 사람에게 헌 잡지를 세 권씩 나누어 줍니다. 참가자들은 목적지까지 종이(잡지 또는 신문지)를 밟고서만 움직일 수 있습니다. 즉, 한 권의 잡지를 자신의 앞으로 던진 다음 그 종이 위를 밟고 섭니다. 잡지를 앞으로 던지면서 그 위로 걸어가는 것입니다. 이렇게 하여 반환점을 돌아오는데 밟았던 종이는 주워서 다시 앞으로 놓으면서 출발선으로 돌아옵니다. 발이 땅에 닿은 사람은 그 자리에 서서 큰 목소리로 10까지 센 다음 다시 시작합니다.

동고동락

준비물 : 밧줄, 막대기와 공(모둠 수만큼)   **모둠 형대 :** 6~10명(짝수)으로 구성된 여러 모둠

두 사람이 등을 대고 밧줄로 허리를 묶도록 한 다음, 두 사람에게 막대기 두 개와 공을 한 개씩 나누어 줍니다. 시작이 되면 두 사람이 막대기로 공을 쳐서 반환점을 돌아와서는 다음 조에게 인계합니다. 발로 공을 차는 것은 반칙입니다.

175

터널이 좁아요

준비물 : 원통형의 비닐(길이 6~7m, 직경 1.2~2m)　　**모둠 형태 :** 5~10명씩 두 모둠을 구성

두 모둠을 만듭니다. 길이가 6~7m 정도 되고 지름이 1.2~2m 되는 원통형의 비닐통로를 준비해 두고 각 모둠은 각각 반씩 갈라져서 양쪽 입구에 정렬합니다. 시작이 되면 비닐통로로 기어 들어가서 반대편으로 빠져나와야 하는데 두 사람이 동시에 반대방향으로 통과해야 하므로 반드시 한 번은 만나게 되어 있습니다. 훤히 들여다보이는 통로 속에서 서로 빠져나오려고 치열한 다툼을 벌이는 모습은 재미있지요. 통로를 빠져나온 사람은 다음 사람과 교대합니다. 이렇게 하여 어느 모둠이 먼저 마치는지 겨뤄봅시다.

시각장애인과 친구

준비물 : 눈가리개(모둠당 2개씩) **모둠 형태** : 6~8(짝수)명으로 구성된 여러 모둠

모둠별로 남녀가 짝이 되어 눈가리개를 한 남자 등에 여자가 업힙니다. 시작이 되면 여자는 말로 인도하여 남자가 장애물을 건드리지 않고 반환점을 돌아오도록 합니다. 이렇게 하여 어느 모둠이 제일 먼저 안전하게 돌아오는지 겨뤄봅시다.

움마! 무서워

준비물 : 눈가리개(모둠당 2개씩)　**모둠 형태 :** 6〜8(짝수)명으로 구성된 여러 모둠

2〜4모둠으로 나누고 이어달리기 대형으로 정렬한 다음 모든 참가자들에게 풍선을 한 개씩 나누어 줍니다. 시작이 되면 각 열 첫 번째 사람들은 반환점으로 달려가서 풍선을 힘껏 불어 터트립니다. 이때 손톱이나 이빨을 이용해서 터트릴 수 없으며 오직 풍선을 크게 불어서 터트려야 합니다. 풍선을 터트린 사람은 출발선으로 달려와 다음 친구와 교대합니다. 풍선 속에 조금씩 밀가루를 넣어 두면 풍선 터질 때 가관입니다.

깡통 치기

준비물 : 눈가리개와 깡통(인원수만큼)　**모둠 형태 :** 5~8명으로 구성된 여러 모둠

반환점에 모둠 수만큼의 깡통을 세워놓으십시오. 시작이 되면 첫 번째 주자들은 눈가리개를 하고 출발선에 있는 막대기를 들고 조심조심 깡통이 있는 곳으로 다가갑니다. 이때 동료들은 자기편 사람이 깡통에 바로 접근할 수 있도록 큰 소리로 방향을 알려주세요. 깡통에 도달하여 막대기로 깡통을 맞힌 사람은 그 자리에서 눈가리개를 벗고 반환점으로 돌아와서 다음 사람과 교대합니다.

뗏목 여행

준비물 : 모둠 수만큼의 노끈을 묶은 튼튼한 종이상자   **모둠 형태** : 5~8명으로 구성된 여러 모둠

각 모둠에게 노끈을 묶어놓은 두텁고 단단한 종이상자를 한 개씩 나누어 줍니다. 두 사람이 짝을 이루어 한 사람은 상자 안에 들어가 선 자리에서 팔짝 뛰고 그동안 다른 한 사람은 상자에 매어놓은 노끈을 앞으로 당겨서 조금씩 전진시킵니다. 너무 급히 서두르다 보면 상자 안의 사람이 상자에 걸려 넘어지거나 상자가 찢어지므로 조심하세요. 이렇게 하여 반환점을 돌아와서는 다음 조와 교대합니다.

사람수레

준비물 : 없음　**모둠 형태 :** 5～8명으로 구성된 여러 모둠

한 사람이 엎드리면 다른 사람은 엎드린 사람의 양쪽 발목을 잡고 허리 높이로 들어 올립니다. 엎드린 사람은 두 손으로 몸을 지탱하고 반환점을 돌아옵니다.

2-134

줄넘기

준비물 : 줄넘기(모둠당 3개씩)　**모둠 형태 :** 5～8명으로 구성된 여러 모둠

모둠별로 출발선에 정렬합니다. 출발선 전방 5m, 10m 15m 앞에 줄넘기를 놓아두십시오. 시작이 되면 첫 번째 사람들은 첫 번째 줄넘기가 놓인 곳으로

달려가 세 번 줄넘기를 하고 두 번째 줄넘기에서는 다섯 번, 세 번째 줄넘기에서는 열 번 하고 줄넘기를 그 자리에 놓고 출발선으로 돌아옵니다.

2-135

보물 캐기

준비물 : 물건 이름을 적은 쪽지들　　**모둠 형태** : 5~8명으로 구성된 여러 모둠

반환점에 쪽지를 넣어둔 종이상자를 두십시오. 시작이 되면 첫 번째 사람은 반환점으로 달려가서 상자 안에 들어있는 쪽지를 한 장 꺼내 자기 모둠으로 돌아옵니다. 이때 반환점에서 쪽지를 펴 보아서는 안 됩니다. 자기 모둠으로 돌아온 사람들은 쪽지를 펴보고 거기에 적힌 물건을 구해 옵니다. 이때 모둠 사람들은 그 물건을 빨리 찾을 수 있도록 도와주십시오. 이렇게 하여 가장 먼저 물건을 구해온 사람의 모둠이 1점을 얻게 되며 같은 방법으로 여러 번 계속합니다. 가끔씩 "꽝!"이라고 적어놓은 쪽지라든지, '춤 잘 추는 사람', '발이 큰 사람' 과 같이 사람을 찾는 내용을 넣어두면 재미있습니다.

외발 쌍둥이

준비물 : 없음 모둠 형태 : 5~8명으로 구성된 여러 모둠

모둠별로 출발선에 정렬합니다. 각 모둠에서 두 사람이 짝을 이루어 반환점을 돌아오는데 앞사람은 오른발을 뒤로 구부려서 뒷사람이 오른손으로 발목을 잡고 뒷사람은 왼발을 앞으로 펴서 앞사람이 왼손으로 그 발목을 잡습니다. 결국 두 사람은 두 발로 지탱하고 있는 셈입니다. 신호가 떨어지면 이런 상태에서 콩콩 뛰어서 반환점을 돌아옵니다. 넘어지는 경우에는 그 자리에서 다시 시작하면 됩니다.

병 세우기

준비물 : 인원수만큼의 의자와 병　**모둠 형태** : 5~8명으로 구성된 여러 모둠

각 모둠의 첫 번째 사람들은 반환점에 놓인 의자에 앉아서 그 앞에 있는 병을 두 발로 세웁니다. 완전히 세운 다음 다시 쓰러뜨린 후 출발선으로 돌아와 다음 사람과 교대합니다.

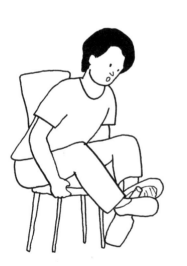

탁구공 저금통

준비물 : 물컵과 탁구공(모둠 수만큼)　**모둠 형태 :** 5~8명으로 구성된 여러 모둠

반환점에 입구의 직경이 반 뼘 정도 되는 물컵을 모둠 수만큼 놓아두십시오. 각 모둠의 첫 번째 주자들에게 탁구공을 한 개씩 나누어 주고 무릎 사이에 끼우도록 합니다. 시작이 되면 탁구공을 무릎 사이에 끼우고 조심스럽게 그러나 빨리 반환점으로 달려가 거기에 놓인 컵에 탁구공을 떨어뜨립니다. 이동 중이나 컵에 탁구공을 넣다가 떨어뜨린 경우에는 그 자리에 서서 탁구공을 다시 무릎 사이에 끼우고 계속합니다.

풍선 쓸기

준비물 : 풍선 **모둠 형태** : 5~8명으로 구성된 여러 모둠

시작이 되면 참가자들은 풍선을 빨리 불어서 묶은 다음 빗자루로 쓸면서 반환점을 돌아옵니다. 풍선은 가볍기 때문에 의외로 많은 시간이 걸립니다. 출발점과 반환점까지의 거리는 8~10m 정도가 적당하며, 풍선을 쓸다가 터지게 되면 그 자리에서 풍선을 다시 불어 시작합니다.

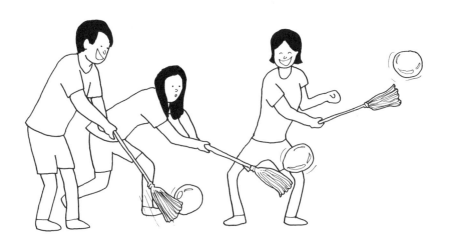

웬 망신!

준비물 : 의자, 지시문들 **모둠 형태** : 5~8명으로 구성된 여러 모둠

두 모둠을 만들어서 이어달리기 대형으로 방 한쪽 끝에 정렬하고 반대편에는 의자를 2개 놓아둡니다. 의자 위에는 엉뚱하고, 난처한 내용이 한 가지씩 적혀있는 메모지를 인원수만큼 놓아두십시오. 시작이 되면 첫 번째 사람은 의자로 달려가서 쪽지 한 장을 들고 쪽지에 적혀있는 지시사항을 그 자리에서 합니다. 제자리로 돌아온 첫 번째 사람은 두 번째 사람과 팔짱을 끼고 다시 의자로 달려가서 쪽지 한 장을 집어듭니다. 지시된 사항을 마치고 돌아오면 다시 세 번째 사람이 합류하여 팔짱을 낀 채로 의자를 향해 달려갑니다. 결국 첫 번째 사람은 인원수만큼 계속 하게 되고 마지막 사람은 한번만 하면 되지요. 지시문은 예를 들면 다음과 같은 것들입니다.

- 턱(또는 어깨)으로 부모님께서 정해 주신 가훈을 쓰십시오.
- 동요 '고드름' 을 예쁜 율동과 함께 큰 목소리로 부르십시오.
- 신발과 양말을 모두 벗어 버리십시오
- 친구의 허리를 잡고 기차놀이를 하면서 출발점으로 돌아오는데 반드시 한 쪽 발은 들고 깡충깡충 뛰어가야 합니다.

2-141

바구니에 공 넣기

준비물 : 바구니(직경 40~50cm), 막대기(길이 4m 정도, 모둠 수만큼), 고무공(모둠 수의 2배 이상)
모둠 형태 : 10~30명씩 두 모둠을 구성

4m 길이의 장대 끝에 같은 크기의 바구니를 매답니다. 두 모둠을 구성하여 시작이 되면 모둠별로 자기 바구니에 공을 던져 넣습니다. 어느 정도 시간(3-5분)이 지나면 지도자가 놀이를 중지시키고 어느 모둠이 바구니에 공을 더 많이 넣었는지 알아봅시다. 이 놀이는 모둠별로 색깔이 다른 공을 가지고 바구니 하나에 같이 넣게 할 수도 있습니다.

꼬리치기

준비물 : 배구공　**모둠 형태 :** 10~20명씩 두 모둠을 구성

청, 백 두 모둠으로 나누고 모둠별로 직경 15~18m의 원을 그린 다음 각 모둠에서 세 명씩 대표들이 나와서 상대방 원 안에 들어가 앞사람의 허리를 잡는데 세 사람은 순서대로 머리, 몸통, 꼬리가 됩니다. 시작이 되면 공격 모둠은 배구공으로 꼬리인 세 번째 사람을 맞힙니다. 세 번째 사람인 꼬리가 공에 맞으면 세 번째 사람은 머리가 되고 두 번째 사람이 다시 꼬리가 됩니다. 이렇게 하여 세 사람을 먼저 맞힌 모둠이 1점을 얻게 됩니다.

2-143

풍선 밟기

준비물 : 풍선과 실(인원수만큼) **모둠 형태** : 전체

참가자들에게 풍선을 한 개씩 나누어 주고 불어서 발목에 묶도록 합니다. 풍선을 묶는 끈의 길이가 적어도 30cm 정도는 되어야 합니다. 시작이 되면 자기 풍선이 터지지 않도록 지키면서 다른 사람의 풍선을 밟아서 터트리도록 합니다.

풍선 농구

준비물 : 풍선   **모둠 형태** : 15~20명씩 두 모둠을 구성

두 모둠으로 나누어 상대방 선수와 등을 맞대고 양반자세로 앉거나 의자가 있으면 의자에 앉도록 합니다. 지도자가 풍선을 중앙에서 토스함으로써 놀이가 시작되는데 각 모둠 사람들은 풍선을 손으로 쳐서 골인 지역의 땅에 닿도록 하고 이렇게 하면 1점을 얻게 됩니다. 풍선이 양옆으로 떨어지게 되면 아웃이 되어 지도자가 그 자리에서 다시 안으로 던져 넣어줍니다. 미리 정한 점수를 먼저 얻는 모둠이 승리하며 동시에 풍선 2개를 사용하면 훨씬 격렬해집니다. 엉덩이가 땅바닥에서 떨어지면 가차 없이 상대 모둠에게 1점을 주도록 하여 질서가 유지될 수 있도록 하세요.

아메바

준비물 : 밧줄(모둠 수만큼)　**모둠 형태** : 5~8명으로 구성된 여러 모둠

모둠을 나눈 후 밧줄로 모둠 사람 모두를 허리 높이로 단단히 묶습니다. 시작이 되면 출발선을 떠나 반환점을 돌아와야 하므로 협동하지 않고서는 안 되는 놀이지요.

192

손수건 꼬리치기

준비물 : 손수건(모둠 수만큼)　**모둠 형태 :** 5~8명으로 구성된 두 모둠

두 모둠을 나누고 모둠별로 앞사람의 허리를 잡고 열차놀이 형식으로 정렬합니다. 각 열의 맨 뒤쪽 사람은 등 뒤나 엉덩이 쪽 허리띠 안으로 손수건을 끼워넣습니다. 시작이 되면 상대방의 손수건을 빼앗도록 하는데 열이 끊어지거나 손수건을 빼앗긴 모둠이 지게 됩니다.

2-147

날아가는 양탄자

준비물 : 보자기(모둠 수만큼)   **모둠 형태 :** 10~15명으로 구성된 여러 모둠

모둠별로 어깨동무를 하고 정렬합니다. 각 모둠에서 두 명씩 보자기 양쪽 끝을 잡고 자기 모둠 앞에서 마주보고 섭니다. 시작이 되면 두 사람은 보자기를 무릎 아래 높이로 하여 달려갑니다. 이때 사람들은 제자리에서 뛰어 보자기를 밟지 않고 뛰어넘도록 합니다. 이렇게 마지막 사람까지 빨리 통과한 모둠이 이깁니다. 이 놀이는 보자기 대신 밧줄을 사용해도 좋습니다.

엉거주춤

준비물 : 훌라후프(모둠 수만큼)　**모둠 형태 :** 5~8명으로 구성된 여러 모둠

훌라후프에 3~4명이 들어가서 어깨동무를 합니다. 훌라후프를 손으로 잡을
수 없으므로 엉덩이를 뒤로 빼서 흘러내리지 못하도록 합니다. 시작이 되면
반환점을 돌아와 다음 사람들에게 연결합니다.

찡구짱구

준비물 : 비치볼(모둠 수만큼)　**모둠 형태 :** 5~10명으로 구성된 여러 모둠

모둠별로 출발선에 정렬합니다. 각 모둠에서 두 사람씩 나와 머리 사이에 비치볼을 끼우고 반환점을 돌아와 다음 사람들에게 비치볼을 넘겨줍니다. 서로 잡거나 껴안지 말고 뒷짐을 지고 조심해서 이동해야 하는데 가장 먼저 마친 모둠이 누구인지 겨뤄봅시다.

애꾸눈 풍선사냥

준비물 : 한쪽 눈가리개, 인원수만큼의 풍선 **모둠 형태 :** 5~8명으로 구성된 여러 모둠

이 놀이는 한쪽 눈을 가리고 풍선을 발로 터트리는 놀이입니다. 집단의 크기에 따라 2~4모둠으로 편을 가르고 각 모둠에게 각각 다른 색깔의 풍선을 나누어 주어 불도록 합니다. 시작이 되면 사람들은 들고 있던 풍선을 허공에 던지는데 일단 손에서 풍선이 떠난 다음에는 손을 일체 사용할 수 없습니다. 따라서 자기 모둠의 풍선이 터지지 않도록 발로 차 하늘에 떠 있도록 하면서 다른 모둠의 풍선을 밟아 터트립니다. 한 눈을 가린 채로 풍선을 발로 밟아 터트리는 것이 결코 쉬운 일은 아니랍니다. 3~4분 정도 시간을 준 다음 지도자는 놀이를 중지시키고 어느 모둠이 풍선을 가장 많이 지키는지 알아봅니다. 이 놀이는 풍선이 쉽게 터지지 않는데 매력이 있으며, 보다 속도감 있게 진행하려면 풍선을 엉덩이로 터트리도록 하면 좋습니다.

놀이하는 지혜

　　승부를 가리는 겨루기 놀이를 하다 보면 불평불만의 소리가 나오기 쉽습니다. 누가 선을 밟았느니, 건드렸느니, 시간이 지났다느니, 속였다느니 하는 항의가 자주 나옵니다. 그중에서 한쪽이 너무 기울어서 매번 형편 없이 지게 되면 지도자는 난감해집니다. 그래서 안쓰러운 생각에 슬쩍 이긴 것처럼 조작하기 쉽습니다. 어느 정도 승부에 균형을 맞추려는 생각에서지요. 그런데 이것은 어느 누구에게도 도움이 되지 않고 오히려 해가 됩니다. 어떤 경우에도 놀이규칙은 공정하고 엄격하게 지켜져야 합니다. 승패와 관계 없이 놀이를 즐길 수 있도록 하는 것이 지도자의 역할입니다.

Chapter 10

운동장 **놀이**

2-151

내 공 네 공

준비물 : 농구공 **모둠 형태 :** 5~10명씩 두 모둠을 구성

두 모둠으로 나누어서 각 모둠에게 농구공을 하나씩 나누어 주고 서로 빼앗는 놀이입니다. 한 사람이 정지한 상태에서 공을 4초 이상 갖고 있지 못하며 드리블을 할 때는 시간제한이 없습니다. 드리블에 관련된 규칙은 정식 농구와 같습니다. 각 모둠은 자기 모둠끼리 토스해가면서 자신들의 공을 지킴과 동시에 상대방의 공은 빼앗도록 합니다. 상대방의 공을 빼앗아 공을 두 개 가진 모둠이 1점을 얻게 됩니다. 득점한 모둠은 상대방에게 공을 되돌려 주고 다시 시작하면 됩니다.

원형 축구

준비물 : 축구공 **모둠 형태** : 10~20명씩 두 모둠을 구성

원을 만들고(지름 15m 이상) 두 모둠이 반원씩 차지하여 원 둘레에 섭니다. 각 모둠에서 한 사람씩 원 안에 들어가는데 상대 모둠 진영에는 들어갈 수 없습니다. 공이 원 안에 들어가면 발로 공을 차서 상대방 사람들 사이로 공이 통과해야 합니다. 공이 사람 사이로 통과하면 득점이 되고, 머리 위로 공을 날리면 공을 찬 모둠이 1점을 빼앗기게 됩니다. 손을 사용해서는 안 되며, 원 안에 들어가 있는 한 사람을 제외히고는 원 안으로 들어오거나 서로 자리를 바꿀 수 없습니다. 그리고 원 밖에 있는 사람은 자기 모둠 사람들에게 토스할 수 있으며, 상대방에게 공을 차서 원 안에 있는 상대 모둠 사람을 맞히면 득점으로 인정되지만 상대 모둠의 골을 공격할 수는 없습니다.

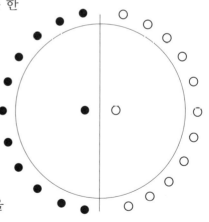

프리스비 농구

준비물 : 프리스비　**모둠 형태** : 5~10명으로 구성된 여러 모둠

넓은 운동장에서 5~10명씩 두 모둠으로 나누고 한 진영씩 차지합니다. 운동장 양편에 직경 4m의 원을 그리고 그 중앙에 한 사람이 서 있어서 골대가 됩니다. 공수를 정하여 공격 모둠이 먼저 프리스비를 가지고 시작합니다. 놀이 규칙은 다음과 같습니다. 프리스비를 들고 있는 사람은 5초 이상 들고 있거나 다섯 걸음 이상 달릴 수가 없습니다. 프리스비가 날아갈 때 가로챌 수 있으며 프리스비를 잡고 있는 상대편의 프리스비는 억지로 빼앗을 수 없습니다. 반칙을 하면 프리스비는 어김없이 상대 모둠에게로 넘어갑니다. 두 사람이 동시에 프리스비를 잡는 경우에는 수비 모둠 사람에게 프리스비가 넘어갑니다. 골대가 있는 원 안에는 골키퍼 외에 아무도 들어갈 수 없습니다. 이런 규칙에 따라 진행하다가 자기편 골키퍼(사람)가 프리스비를 잡도록 연결해 주면 1점을 얻게 됩니다.

프리스비 골프

준비물 : 프리스비(인원수만큼) **모둠 형태** : 전체

골프공 대신 프리스비로 하는 골프놀이입니다. 나무와 바위 같은 지형지물들이 다양하게 있는 넓은 야외에 홀(구멍) 대신 5~10개의 표적들을 순서대로 미리 만들어 놓습니다. 예를 들어 땅에서 3m 정도 높이의 소나무 기둥에 길이(세로) 40cm 정도 되는 선을 그어 놓고, 나뭇가지에다 철사로 직경 40cm 정도 되는 고리를 만들어 놓은 다음, 땅바닥에 직경 50cm 정도 되는 원을 그려 놓는 식입니다. 시작이 되면 사람들은 각자 프리스비를 하나씩 들고 출발선에서 표적 ①을 향해 출발합니다. 즉 참가자들은 목표지점을 향해 돌아가면서 프리스비를 던지는데 표적을 되도록 빨리 맞히거나 원을 통과하도록 합니다. 예를 들어 한 사람이 표적 ①을 네 번 만에 맞히면 그 사람의 벌점은 4점입니다. 이렇게 하여 표적들을 돌아다니면서 얻은 벌점을 모두 합산하여 가장 적은 벌점을 얻은 사람은 누구이고, 누가 가장 좋은(낮은) 점수를 얻는지 겨뤄봅니다. 이 놀이는 표적과의 거리가 멀리 떨어져 있으면 함께 이동하면서 이런저런 이야기를 나눌 수 있는 편안한 놀이랍니다.

발야구

준비물 : 축구공 또는 럭비공   **모둠 형태 :** 5~10명으로 구성된 여러 모둠

발로 하는 야구로 투수가 굴린 공을 공격자가 차는 방법과 홈베이스에 공을 놓고 차는 방법이 있습니다. 공격자가 찬 공은 통과선을 넘어야 하는데 찬 공이 통과선을 넘지 못하거나, 선 밖으로 떨어지면 파울이 되고 파울을 세 번 하게 되면 아웃입니다. 다른 경기규칙은 정식 야구와 동일하며 6~9회까지 진행하여 승부를 가립니다. 대신 럭비공을 사용하면 공이 엉뚱한 곳으로 튀어서 더욱 흥미진진하답니다.

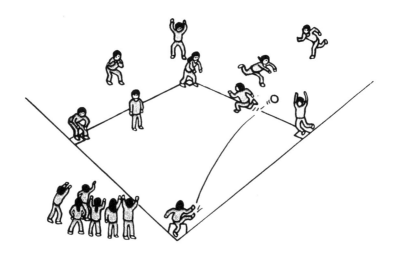

곱빼기 배구

준비물 : 배구네트 2벌, 배구공   **모둠 형태 :** 3~5명씩 네 모둠을 구성

네 모둠이 동시에 할 수 있는 배구 놀이입니다. 〈그림 1〉은 배구 네트 두 개로 설치할 수 있으며, 이때 기둥pole은 네 개가 필요합니다. 〈그림 2〉는 네트 네 개를 사용해야 하며 필요한 기둥은 다섯 개입니다. 네 모둠이 각각 한 코트를 차지하며 규칙은 정식 배구와 동일합니다.

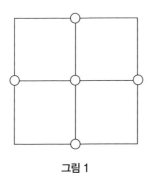

그림 1

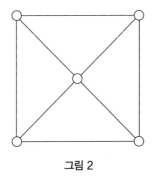

그림 2

2-157

9면 농구

준비물 : 농구공 **모둠 형태** : 9명씩 두 모둠을 구성

농구 코트를 그림과 같이 9등분하고 그 안에 양 모둠에서 각 한 명씩 들어갑니다. 각 선수는 자기 구역 안에서만 움직일 수 있습니다. 놀이는 9구역에 있는 선수가 코트 중앙에서 점프볼을 함으로써 시작됩니다. 골인이 되면 9구역의 선수는 1로, 1구역의 선수는 2구역으로 이동합니다. 드리블을 허용하는 방법과 토스만 허용하는 방법 중 하나를 선택할 수 있으며 나머지는 농구 규칙을 따릅니다.

1구역	2구역	3구역
8구역	9구역	4구역
7구역	6구역	5구역

족구

준비물 : 배구공, 네트   **모둠 형태** : 3~6명씩 두 모둠을 구성

발로 하는 배구로 손을 제외한 전신으로 공을 다룰 수 있습니다. 상대방 코트에서 넘어온 공은 토스 3회 이내에 다시 넘겨야 하는데 바닥에 공이 닿아도 괜찮습니다. 1회 15점, 3세트 2선승 또는 5세트 3선승으로 진행하고 각 세트가 끝날 때마다 코트를 바꾸도록 하십시오. 네트가 없는 경우에는 코트 중앙에 중간 지대를 설정하여 운영할 수 있습니다. 이때는 중간 지대에 공이 닿으면 아웃되고 발이 닿아도 아웃됩니다.

헹가래 배구

준비물 : 보자기(2인 1개씩), 비치볼 **모둠 형태 :** 6~10명씩 두 모둠을 구성

두 모둠으로 나누고 모래사장 위에 노끈으로 선을 그려 배구 코트를 만듭니다. 배구 네트가 없으면 노끈을 사용해도 좋습니다. 두 사람이 한 쌍을 이루고 각 쌍에 커다란 수건을 한 장씩 나누어 줍니다. 두 사람은 수건 양쪽 끝을 잡고 그 위에 비치볼을 올려놓습니다. 비치볼은 두 쌍에 한 개씩이면 적당합니다. 시작이 되면 비치볼은 신체의 어느 부분도 닿아서는 안 되며 다만 들고 있는 수건을 잡아 당겨 튕기게 해서 상대방 진영으로 보내야 합니다. 경기를 시작하기 전에 비치볼을 두 모둠이 반씩 나누어 갖도록 하며 경기규칙은 배구 규칙에 따릅니다. 이 놀이는 시간을 정해서 하거나 점수를 정해 놓고 할 수도 있습니다.

럭비공 발야구

준비물 : 럭비공　**모둠 형태** : 5~10명으로 두 모둠을 구성

두 모둠으로 나누고 공격과 수비를 정합니다. 럭비공은 둥글지 않으므로 투   수가 굴린 공을 찰 수가 없어 공을 홈베이스에 놓고 차도록 합니다. 발에서 떠나 땅에 닿은 럭비공은 예측할 수 없는 방향으로 튕기는데, 여기에 이 놀 이의 매력이 있습니다. 각 루 간 거리는 약간 좁히는 것이 좋습니다. 공이 선 안에 떨어져서 밖으로 튕겨 나가도 유효합니다. 이밖에 나머지 규칙은 야구와 동일합니다.

2-161

움직이는 농구대

준비물 : 농구공 또는 배구공, 의자 2개, 바구니 2개
모둠 형태 : 5~10명씩 두 모둠을 구성

두 모둠으로 나누고, 농구와 같이 중앙선에서 점프볼로 시작합니다. 공을 잡은 사람은 걷거나 뛸 수 없으므로 한 발만을 움직여서 패스할 수 있습니다. 의자 위에 선 사람이 휴지통을 마음대로 움직여 날아오는 공을 받아내면 득점이 됩니다. 놀이규칙은 다음과 같습니다.

- 공을 갖고 뛸 수 없습니다.
- 공을 가진 선수를 치면 파울을 얻게 되며, 파울을 유도한 선수가 공격권을 갖게 됩니다.
- 의자(골대)가 있는 직경 2m 원 안에는 아무도 들어갈 수 없습니다.

폴란드 야구

준비물 : 야구방망이, 배구공　**모둠 형태** : 10~20명씩 두 모둠을 구성

이 야구놀이는 홈베이스와 1루만 있으며, 각 루 간 거리는 약 20m 정도가 적당합니다. 야구방망이와 배구공을 사용하는데 아웃 오브 바운드out of bound가 없으며 공은 어느 방향으로 쳐도 괜찮습니다. 따라서 타자는 홈베이스 뒤쪽으로도 공을 때릴 수 있습니다. 수비들은 홈플레이트의 포수와 1루수 외에는 공이 날라 올 것으로 예상되는 곳에 자유롭게 위치 선정을 해야겠지요. 타순은 남녀 순으로 균형 있게 구성하도록 하고 스리 아웃이 되면 공수를 교대합

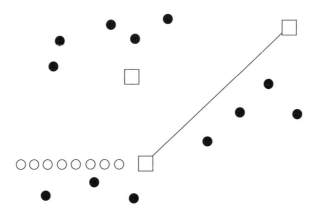

니다. 타자가 공을 칠 수 있는 기회는 한 번뿐입니다. 파울은 인정하지 않고, 헛스윙을 하거나, 공중 볼을 잡은 경우, 공으로 주자를 맞추면 그 사람은 아웃이 됩니다. 1루에 도착한 주자는 다음 타자가 공을 치기 전까지는 베이스를 밟고 있어야 합니다. 1루에는 동시에 여러 사람이 함께 있어도 무방하지만 홈베이스를 밟은 경우에만 득점이 됩니다. 1루에 있던 여러 주자가 동시에 홈플레이트에 들어올 수 있으며 들어온 사람만큼 득점이 됩니다. 인원이 50명 이상인 경우에는 운동장 양쪽에서 동시에 진행할 수 있으며, 서로 뒤섞인 채로 진행해도 좋습니다. 매우 혼란스러우면서도 재미있는 놀이랍니다.

2-163

팔짱 끼고 하는 야구

준비물 : 야구방망이, 소프트볼　**모둠 형태 :** 10～15명씩 두 모둠을 구성

사람이 많아서 정식 소프트볼을 할 수 없을 때 적합한 놀이입니다. 두 모둠으로 나눈 다음, 짝을 지어서 팔짱을 끼도록 합니다. 경기 중에는 팔짱을 풀 수 없고 팔짱을 끼고 있는 팔은 사용할 수 없으며 자유로운 바깥쪽 손과 팔만을 사용할 수 있습니다. 타석에 들어서면 팔짱을 끼지 않은 손으로 야구방망이

를 함께 잡습니다. 함께 공을 친 다음 팔짱을 낀 채로 베이스로 달려갑니다. 단, 공을 던질 때에는 한 사람이 던지도록 합시다. 이밖에 다른 규칙은 정식 소프트볼과 같습니다.

선 축구

준비물 : 축구공   **모둠 형태** : 10~20명씩 두 모둠을 구성

두 모둠으로 나누어서 10m 간격을 두고 마주보고 정렬합니다. 득점 지역을 표시하기 위하여 각 모둠의 앞에 선을 긋습니다. 공을 중앙에 놓고 지도자가 번호를 부릅니다. 예를 들어, 지도자가 6번 하면 각 모둠의 6번인 사람이 달려가서 상대 모둠 쪽으로 공을 찹니다. 이때 먼저 날려온 사람이 상대 모둠을 향해 공을 차게 되는데, 공이 상대선수들의 머리 아래로 통과하면 득점이 됩니다. 선을 따라 서 있는 사람들은 날아오는 공을 손으로 잡을 수 있으며, 호명된 자기편 사람에게 토스하거나 되찰 수도 있습니다. 지도자는 간간이 새 번호를 부르도록 하며, 보다 격렬하게 하기 위해서 2~3개의 번호를 동시에 부를 수 있습니다. 이 놀이를 네 모둠이 함께 겨룰 수도 있습니다. 정사각형

의 선을 그리고 모둠별로 한 선씩 차지합니다. 지도자가 번호를 부르면 해당 선수들은 중앙으로 달려 들어와서 자기 모둠을 제외한 세 모둠을 향해 공을 찹니다.

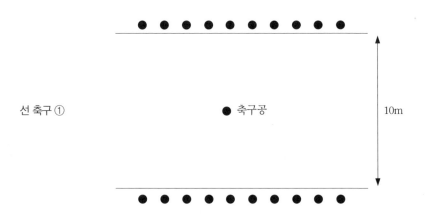

선 축구 ①

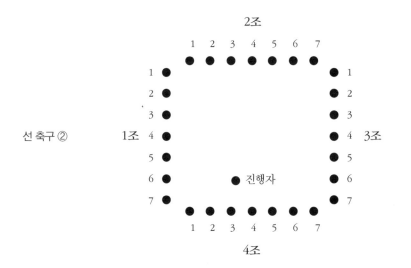

선 축구 ②

삼각형 축구

준비물 : 축구공, 반사경을 부착한 길이 2m 정도의 막대기(골대) 6개
모둠 형태 : 5~10명씩 세 모둠을 구성

놀이터에 삼각형 모양의 축구장을 그리고 세 꼭지점에 반사경을 부착한 골대 두 개씩 땅에 박아둡니다. 어두운 밤에 하기 때문에 축구 골대에는 작은 불빛에도 반사하는 붉은 반사경을 부착해두는 것입니다. 세 모둠으로 나누고 각각 골대를 하나씩 차지합니다. 시합은 삼각형의 중심부에서 지도자가 공중에 축구공을 던짐으로써 시작됩니다. 사람들은 서로 상대방의 골문에 축구공을 집어넣도록 하며, 차고 굴리는 것만이 아니라 잡아서 던질 수도 있는데 한사람이 한번에 5초 이상 공을 잡고 있을 수는 없습니다. 해가 거의 저물 무렵 신나게 즐길 수 있는 한밤중 축구입니다.

2-166

인간 방어벽

준비물 : 축구공 **모둠 형태 :** 15~20명씩 세 모둠을 구성

땅바닥에 배구 코트 크기에 맞게 선을 긋고 1.5m 간격으로 사잇선을 긋습니다. 참가자들을 두 모둠으로 나누고 양 모둠에서 두 명씩 ③을 제외한 나머지 사람들 ①, ②는 손을 잡고 일렬로 늘어섭니다. 지도자는 양 모둠의 주장을 중앙선에 모으고 공수를 정합니다. 공격과 수비가 결정되면 손을 잡고 일렬로 늘어선 사람들은 자기 코트에 들어온 공을 차서 상대 모둠의 방어벽을 뚫어야 합니다. 이때 손은 항상 잡고 있어야 하며, 손을 제외한 몸의 모든 부분을 사용할 수 있습니다. 그림에서 보면 일렬로 늘어선 사람들은 ①처럼 항상 자기 모둠 코트의 사잇선 간격 중 어느 한 구역에 모두 들어가 있어야 합니다. 놀이 도중 ②처럼 한 모둠의 구성원이 두 구역에 걸쳐 들어가 있으면 자동적으로 1실점이 됩니다. 슛은 반드시 손을 잡고 일렬로 늘어선 사람만이 할 수 있으며 자유로이 돌아다니는 두 사람 ③은 슛을 할 수 없습니다(이 두 사람은 자유로이 코트의 안과 밖을 돌아다닐 수 있으나 상대 코트로는 갈 수 없습니다). 다만 자기편이 찬 공이 밖으로 나가지 않도록 막거나, 상대의 슛이 자기편의 방어벽을 맞고 밖으로 나가지 않도록 하며, 자기 코트로 들어온 공을 적절히 자기 모둠에게 토스할 수 있습니다. 슛한 공이 상대 모둠의 머리 위로 넘어가거나 상대 모둠을

맞추기 전에 옆으로 나가 버리면 슛한 모둠이 1점을 실점합니다. 그러나 슛한 공이 상대 모둠을 맞고 선 밖으로 나가면 1점을 득점하며, 상대 모둠의 벽을 뚫었을 경우에는 2점을 얻게 됩니다. 그러므로 ③은 상대 모둠의 슛이 자기 편 방어벽을 맞고 밖으로 나가지 않도록 막아야 합니다. 상대 모둠의 슛이 자기 모둠의 방어벽에 맞고 공중으로 떠올랐을 경우 그 공이 라인 밖으로 떨어지기 전에 ③이 받아 올려서 코트에 집어넣으면 놀이는 계속 속행됩니다. 또한 ③은 슛을 할 수 없으나, 슛이 방어벽에 맞기 전에 막을 수는 있지요. 한 놀이당 10점으로 하여 삼판 이선승제로 승부를 가려봅시다.

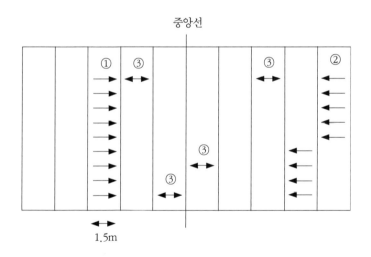

217

2-167

복식 축구

준비물 : 축구공 　**모둠 형태** : 15~20명씩 두 모둠을 구성

청백 두 모둠으로 나누고 축구공 2~3개를 동시에 사용합니다. 남녀가 같이
할 때는 골키퍼를 2명 이상 배치할 수 있습니다. 비 오는 날 진흙탕에서 하면
색다른 즐거움을 누릴 것입니다.

원 피구

준비물 : 배구공 **모둠 형태 :** 15~30명씩 두 모둠을 구성

두 모둠으로 나누고 한 모둠은 큰 원을, 다른 모둠은 큰 원 안의 작은 원으로 둘러섭니다. 시작이 되면 큰 원 둘레에 선 사람들은 배구공을 던져서 작은 원 안에 있는 사람들의 무릎 아래쪽을 맞추도록 합니다. 무릎 아래 부분을 맞은 사람들은 아웃이 되며, 모두 아웃이 되면 두 모둠은 공수를 바꿔 다시 합니다. 무릎 위를 맞추거나 던진 공을 작은 원 안에 있는 사람이 노바운드로 받으면 공을 던진 사람은 아웃이 됩니다. 공수를 바꿔서 해 보고 어느 모둠이 더 오래 견디는지 겨뤄봅시다.

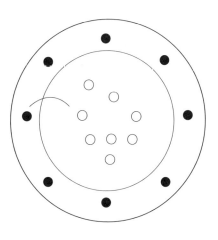

핀볼

준비물 : 농구공, 볼링핀(플라스틱통) **모둠 형태 :** 10∼20명씩 두 모둠을 구성

농구장 양편에 직경 3m와 2m의 원을 그리고 중앙에 볼링핀(깡통)을 세워둡니다. 바깥쪽 원에 각 모둠의 수비수가 세 명씩 들어가서 볼링핀이 쓰러지지 않도록 지킵니다. 놀이는 중앙에서 점프볼로 시작해서 볼링핀을 쓰러뜨리면 1점을 얻게 됩니다. 득점 후 수비수가 공격수에게 토스하며 공격을 하는데 규칙은 농구 규칙을 따르도록 하십시오. 시간을 정해서(10-15분) 하거나 10점을 먼저 얻는 모둠을 가릴 수 있습니다.

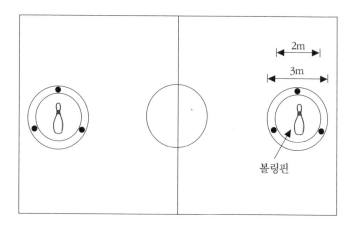

볼링핀

사이드라인 농구

준비물 : 배구공 **모둠 형태 :** 10~20명씩 두 모둠을 구성

각 모둠의 반은 코트 안으로 들어가고 나머지는 사이드라인에서 상대 모둠과 마주보고 정렬합니다. 코트 안에 있는 동료들끼리 또는 라인에 있는 선수들끼리는 토스할 수 없으며, 선 밖에 있는 선수는 코트 안의 선수에게, 코트 안의 선수는 사이드라인의 선수에게 토스할 수 있습니다. 드리블은 할 수 없으며 득점이 되면 코트 안의 선수와 사이드라인의 선수는 교대합니다. 놀이 시간은 20~30분 정도가 적당합니다.

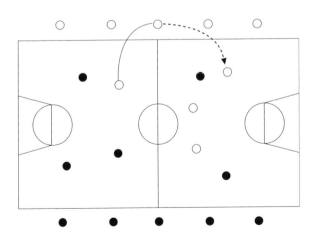

사각형 축구

준비물 : 축구공 **모둠 형태 :** 10~15명으로 구성된 네 모둠

한 운동장에서 네 모둠이 동시에 하는 축구입니다. 네 모둠이 골대가 네 개인 정사각형 운동장을 사용한다는 것 외에 경기방식은 정식 축구와 같습니다. 네 모둠으로 나누어서 〈가〉, 〈다〉 모둠과 〈나〉, 〈라〉 모둠이 각각 공을 한 개씩 가지고 동시에 진행하는 방법과 두 모둠으로 나누어서 한 모둠이 골문을 두 개씩 차지하고 하는 방법이 있지요.

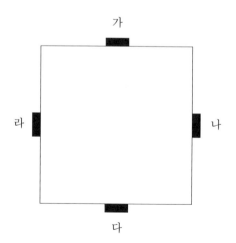

삼각대 쓰러뜨리기

준비물 : 죽+공, 삼각대 2개   **모둠 형태 :** 5~15명씩 두 모둠을 구성

그림과 같이 길이 1m 정도의 막대기 세 개를 직경 2m의 원 안에 서로 기대어 세워 놓고 두 모둠은 각각 자기 진영에서 마주보고 섭니다. 시작이 되면 발로 공을 차서 상대편의 삼각대를 맞혀 쓰러뜨리면 1득점이 되는데 시간이 아니라 점수를 정해 놓고 할 수도 있습니다. 모든 선수들은 삼각대가 세워져 있는 원 안으로 들어갈 수 없으며, 전후반 15분 또는 20분이 적당합니다.

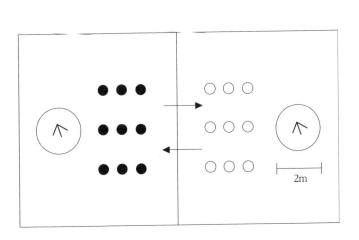

빗자루 축구

준비물 : 고무공, 빗자루(2개), 의자(인원수만큼)   **모둠 형태** : 10~15명씩 두 모둠을 구성

의자를 타원형으로 정돈하는데, 그림과 같이 양끝을 비워 놓습니다. 두 모둠이 각각 반원을 차지하고 앉은 다음 각 모둠 선수들은 고유번호를 가지며 각 모둠의 1번을 불러 중앙에 세우고 고무공을 바닥에 떨어뜨리는 것으로 놀이가 시작됩니다. 두 사람은 들고 있던 빗자루로 공을 쳐서 상대방 골문에 집어넣어야 합니다. 이때 지도자는 아무 때고 다른 번호를 부를 수 있는데 일단 신호가 나면 원 안에 있던 사람은 즉시 중단

하고 그 자리에서 호명된 사람에게 빗자루를 넘겨주어야 합니다. 공이 원 밖을 넘어가면 지도자는 그 자리에서 공을 원 안으로 던져 넣습니다. 의자에 앉아있는 사람들은 손을 사용할 수 없으며 의자에서 엉덩이를 떼지 않은 채로 발로 공을 찰 수는 있습니다.

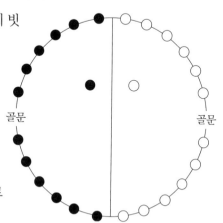

네 모둠 피구

준비물 : 배구공　**모둠 형태** : 10~15명으로 구성된 네 모둠

네 모둠으로 나누고 각각 사각형 한 개씩을 차지합니다. 시작이 되면 배구공을 던져서 상대방 사람들의 허리 아래를 맞추도록 합니다. 공에 맞은 사람은 놀이터 밖으로 나갑니다. 공을 잘못 던지거나 선 밖으로 나가게 되면 지도자가 공이 나간 지점에서 상대 모둠에게 공을 넘겨줍니다. 날아오는 공을 잡으면 공을 던진 사람이 탈락하게 됩니다. 시간을 정해 놓고 어느 모둠이 가장 많이 살아남았는지 가려보거나, 마지막 한 사람이 남을 때까지 계속할 수 있습니다.

3중 소프트볼

준비물 : 소프트볼, 야구방망이   **모둠 형태 :** 5~10명씩 세 모둠을 구성

소프트볼을 세 모둠이 함께하는 놀이입니다. 5명씩 세 모둠으로 나누고 〈가〉 모둠이 공격하면, 〈나〉 모둠과 〈다〉 모둠이 수비를 하고, 스리 아웃이 되어서 〈나〉 모둠이 공격을 할 때에는 〈가〉 모둠과 〈다〉 모둠이 수비를 합니다. 이와 같이 〈다〉 모둠이 공격할 때에는 〈가〉 모둠과 〈나〉 모둠이 수비를 합니다. 이 밖의 모든 경기방식과 규칙은 정식 소프트볼과 같습니다.

테니스식 배구

준비물 : 배구공 **모둠 형태** : 5~10명씩 두 모둠을 구성

테니스 코트에서 배구공으로 하는 배구입니다. 여러 사람이 참가할 수 있으며 서브는 정식 배구와 같으나, 이 놀이에서는 공이 바닥에 닿고 튀어 오른 다음에 토스를 해도 무방합니다. 즉, 정식 배구처럼 공이 바닥에 닿기 전에 받을 수도 있고 공이 바닥에 닿은 후에 받아 올려도 됩니다. 토스 3회 이내에 상대방 코트로 공을 넘겨야 합니다. 1회 15점이며 서브권을 가진 모둠이 공격에 성공했을 경우에만 득점이 인정됩니다. 공이 선에 닿는 것은 무방하며, 한 모둠에 10명 정도가 직당합니다.

닭다리 사냥

준비물 : 배구공　**모둠 형태** : 전체

참가자들은 모두 둥글게 둘러서고 술래 한 사람이 원 중앙에 들어가서 공(배구공 또는 고무공)을 손에 들고 섭니다. 술래는 사람들을 바라보면서 그 자리에서 천천히 돕니다. 그러다가 술래가 공을 던져 둘러 서 있는 사람들 중 한 사람의 무릎 아래를 맞히도록 합니다. 그런데 술래가 공을 던지지 않고 모션만 취했는데도, 또는 다른 사람에게 공을 던졌는데 점프를 한 사람은 탈락됩니다. 공에 무릎 아래를 맞은 사람이나 맞지 않았는데도 땅에서 발바닥이 떨어진 사람은 술래가 됩니다. 무릎 윗부분에 공을 맞으면 아웃이 되지 않습니다.

자기 점검을 위한 질문

다음은 놀이지도자가 자신을 스스로 점검하여 보다 성숙한 지도력을 갖추는 데 유익한 질문들입니다. 사람들에게 진정한 기쁨을 전하고 함께 나누는 성숙한 놀이지도자로 날로 성장해 나갈 수 있게 되기를 기대합니다.

질문	점검
1. 나는 참가자들을 우선적으로 생각하고 있는가?	
2. 나는 나의 관심과 소질이 무엇인지 이해하고, 이를 발전시키고 있는가?	
3. 나는 다른 사람들의 감정을 상하게 하지는 않는가?	
4. 나는 예의 바르고 공손하게 행동하고 있는가?	
5. 나는 모든 일에 성실한 자세로 임하고 있는가?	
6. 나는 내가 속한 집단에 대해 책임의식과 애정을 가지고 있는가?	
7. 나는 경쟁보다는 협동을 중요하다고 보고 노력하고 있는가?	
8. 나는 다른 사람들의 의견을 경청하고 존중하고 있는가?	
9. 나는 명령하고 지시하기보다는 권면하는가?	
10. 나는 힘들 때 불평하지 않고 이를 극복하려고 노력하고 있는가?	
11. 나는 부정적인 감정을 다른 사람에게 쉽게 노출하고 있지는 않은가?	
12. 나는 다른 사람들이 신뢰할 만한 행동을 하고 있는가?	
13. 나는 자존감을 가지고 있는가?	
14. 나는 매너리즘에 빠져 있지 않은가?	
15. 나는 지금의 상황과 문제들을 올바로 이해하고 있는가?	
16. 나는 편견이나 선입관을 가지고 있지는 않은가?	
17. 나는 정확한 최신 정보를 알려고 노력하고 있는가?	
18. 나는 모임과 놀이의 목표를 명확하게 파악하고 있는가?	
19. 나는 준비과정을 철저하게 하고 있는가?	
20. 나는 평가를 체계적으로 하고 있는가?